KINGA AUS FRANKFURT

IM DIENSTE DER FREIER

Bibliografische Information der Deutschen Nationalbibliothek. Deutsche Nationalbibliothek verzeichnet diese Publikation in der Deutschen Nationalbibliografie; detaillierte bibliografische Daten sind im Internet über http: // dnb. de abrufbar.

© 2022 Kinga aus Frankfurt

Herstellung und Verlag: BoD – Books on Demand, Norderstedt

ISBN: 9783755760276

TAUCHEN DIE EIN
IN DIE VERBORGENE UND GEHEIMNISVOLLE WELT
DES ROTLICHTMILIEUS

INHALTSVERZEICHNIS

Vorwort ……….……..……………………9

Einstieg ins Rotlichtmilieu…..…………………….11

Mein erster Freier…….…..……………………17

Alltag im Klub…..……..…….……………17

Zeige was du kannst……..……..…………25

Gute Freier…schlechte Freier ……..……………27

Was die Männer zu den roten Leuchtern treibt………43

Gentleman genießt und lügt was das Zeug hält…....52

Freier Lauf der Triebe …………………...………54

Härte des Jobs ……………..………..…………95

Ekel von den Huren ………..……………... 97

Niemand darf es erfahren ……..…..………103

Arbeit wie jede andere? …………..……106

Ökonomie der Hurerei………….…..…………108

Mein Geld ist dein Geld …..……………... 111

Rotlichtmilieu hat mich geprägt………..………113

Ende des Abenteuers ……………...………117

I

II

Vorwort

Mein Weg ins Rotlichtmilieu war bewusst und bedacht. Ich war Anfang zwanzig, als ich mich wagemutig entschieden habe, aus dem bürgerlichen Leben herausbrechen. Ich habe im Frankfurter Rotlichtmilieu zwölf Jahre verbracht. Diese Zeit war unglaublich intensiv, erlebnisreich und auch erkenntnisreich zugleich. Ich habe fast sieben tausend Freiern jegliche sexuelle Fantasie und Wünsche erfüllt. Das hat mir ermöglicht einen tiefen Einblick in das Sexualverhalten und die Wesensart der Männer zu gewinnen. Ich habe es erfahren, was die Männer zu den roten Leuchten treibt und erlebt wie die Männer treiben und ticken, besonders dann, wenn sie im Rotlichtmilieu kein moralischer und sozialer Kaftan drückt. Um das Rotlichtmilieu ranken sich viele unrühmliche Gerüchte und sie halten sich hartnäckig. Die Medien bringen in den Vordergrund vor allem die negative Seite des Sexgewerbes. Die Freier werden verpönt und als Quelle des Frauenleidens dargestellt. Meine Erfahrungen im Rotlichtmilieu ließen mir mein ganz persönliches Bild über die Freier zu erschaffen. Diese Erkenntnisse möchte ich in diesem Buch vorstellen. Ich möchte dem Leser anschaulich darüber erzählen, was sich in den Bordellzimmern zugetragen hat, wenn ich mit den Freiern allein war. Ich möchte auch erläutern, wie die Freier meine Persönlichkeit verändert haben und wie das Rotlichtmilieu mein Leben beeinflusst hat. Ich habe in der Zwischenzeit dem Rotlichtmilieu den Rücken gekehrt und einen Abstand zu den Freiern und meinen Emotionen gewonnen. Ich blicke also auf das Erlebte aus einer zeitlichen Perspektive und mit abgekühlten Emotionen zurück. Meinen Alltag im Rotlichtmilieu beherrschten raue Sitten, die Umgangsformen waren ruppig und es wurde eine schauderhafte Sprache gesprochen. Insofern spiegelt meine Ausdrucksart den Charakter des Rotlichtmilieu wider. Ich verwende in diesem Buch keine selektive Wortwahl, die Formulierungen bleiben ungeschliffen. Meine Ausdrucksart sollte die Beschaffenheit des Rotlichtmilieu hervorheben. Ich habe beim Verfassen dieses Buches auch auf ein Lektorat bewusst verzichtet. Ich wollte eine fremde Beeinflussung meiner subjektiven Wahrnehmung vermeiden.

Einstieg ins Rotlichtmilieu

Ich bin in einem bürgerlichen, bescheidenen Elternhaus aufgewachsen. Meine frühen Lebensjahre verliefen wie bei anderen Menschen auch. Ich habe eine Schul- und Berufsausbildung erfolgreich absolviert. Nach der Ausbildung habe ich das Elternhaus verlassen und bin in eine Großstadt gezogen, wo ich ohne Probleme meinen ersten Job bekommen habe. Ich habe in einem Warenhaus angefangen als Buchhalterin zu arbeiten. Meine Freude über den Start ins Arbeitsleben wurde jedoch schnell getrübt. Ich habe viel gearbeitet und hatte wenig davon. Mein Gehalt reichte gerade Mal knapp zum Überleben, aber nicht zum Leben. Ich musste mir den Kopf permanent zerbrechen, wie ich über den Monat komme. Die Geldsorgen machten mich fertig, aber auch die Perspektivlosigkeit in meinem Job auf einen deutlich besseren Verdienst. Ich habe einen zusätzlichen Job als Servicekraft in einer Spielbank angenommen, um meine miserable finanzielle Lage zu verbessern. Dank dieses Jobs passierte etwas, was eine gravierende Wende in meinem Leben brachte und mein bisheriges völlig unzufriedenes Leben veränderte. Ich habe in der Spielbank eine junge Frau kennengelernt. Sie war ungefähr in meinem Alter. Sie fuhr ein schickes Sportauto, trug Designklamotten und hatte viel Geld. Sie hatte also das alles, wovon ich nur immer geträumt hatte. Ihr finanzieller Wohlstand hat mich fasziniert. Ich war auch neugierig, welchen glücklichen

Umständen sie diesen verdankt. Eines Tages habe ich mich mit ihr an der Bar unterhalten und bin hinterher dieses Geheimnis gekommen. Sie hat ihr luxuriöses Leben nämlich selbst finanziert. Sie erzählte mir, dass sie als Escort Girl in Deutschland schon seit Jahren arbeitet und hat in Deutschland schon ein Vermögen verdient. Ihr Geständnis hat mich völlig perplex gemacht. Ich habe das alles für eine unrealistische Schnapsidee gehalten. Jedoch später, als ich emotional etwas runtergekommen bin, habe ich ernsthaft darüber nachgedacht, ob ich auch auf diese Weise Geld verdienen könnte. Dieser Vorsatz ist zwar auf meinen innerlichen Widerstand gestoßen, da ich den selbstverständlich für verwerflich hielt. Anderseits habe ich in diesem Vorsatz eine Chance gewittert, endlich aus meiner finanziellen Sackgasse herauskommen zu können. Ich steckte also in der Zwickmühle zwischen Moral und Pragmatismus. Ich war tagelang seelisch hin und her zerrissen. Letztendlich hat sich der Pragmatismus in meinem Kopf durchgesetzt und ich habe die Hemmschwelle überwunden. Ich habe den nötigen Mut aufgebracht um eine radikale Änderung in meinem Leben vorzunehmen. Ich habe meine Jobs und meine Wohnung gekündigt und fing an einen Anschluss an das Rotlichtmilieu zu suchen. Ich verfolgte zahlreiche Anzeigen auf den verschiedenen Internetportals, wo Bordellen, Escort Agenturen und Nachtclubs aus Deutschland annonciert haben. Eine Annonce aus Frankfurt am Main hat meine Aufmerksamkeit geweckt. In der Anzeige stand es, dass für einen exklusiven Nachtklub und eine Escort Agentur junge Frauen mit Niveau und mit guten Deutschkenntnissen gesucht werden. Ich habe dort angerufen. Eine nette Frau am Telefon hatte Interesse an meiner Bewerbung. Sie stellte mir einige Fragen zu meinem Alter und Aussehen. Sie fragte mich auch, ob ich schon in diesem Gewerbe tätig war. Wahrheitsgemäß habe ich gesagt, dass ich mit der Prostitution noch nicht zu tun hatte. Sie sagte, dass die fehlende Erfahrung in diesem Gewerbe kein Problem darstellt. Die Anfängerinnen seien ebenso willkommen und werden eingearbeitet. Sie versuchte mir die Arbeit in diesem Nachtklub sehr schmackhaft darzustellen. Wenn ich fleißig arbeiten werde, könnte ich sogar mehr als zehn Tausend Euro im Monat verdienen. Dieses Angebot schien mir, im Gegenteil zu den vielen andren Anzeigen seriös und vor allem attraktiv zu sein. Ich habe mich, ohne weiter viel nachzudenken, für diesen Nachtklub entschieden. Anfangen könnte ich sofort. Meiner Familie und meinen Freunden habe ich von meinen Plänen selbstverständlich nichts erzählt. Niemand sollte es erfahren, dass ich von einem braven Mädchen in eine Hure verwandeln möchte. Meinen Eltern habe ich gesagt, dass ein Bekannter aus der Spielbank mir einen Job in Deutschland vermittelt hat. Ich sollte in einem Restaurant als Servicekraft arbeiten. Meine Eltern haben diese Lüge geschluckt und machten sich um mich keine Sorgen. Sie glaubten eine anständige und verantwortungsvolle Tochter zu haben.

Ich habe die Frau aus Frankfurt erneut angerufen und gesagt, dass ich bereit bin, mit der Arbeit in diesem Nachtklub sofort zu beginnen. Sie war erfreut, dass ich mich entschieden für diesen Klub habe und hat mich gebeten sie zu informieren, sobald ich in Frankfurt bin. Sie wird jemanden schicken, der mich vom Hauptbahnhof abholt. Für mein letztes Gehalt habe ich die Busfahrkarte nach Frankfurt gekauft. In Deutschland war ich noch nie und ich kannte dort auch niemanden. Ich befand mich also auf dem Weg ins Unbekannte, ohne es zu wissen, was auf mich tatsächlich zukommt. Als ich schon im Reisebus gesessen habe, überkam mich plötzlich ein mulmiges Gefühl. Verschiedene Gedanken gingen mir plötzlich durch den Kopf. Ich habe schließlich auch einige negative Schlagzeilen über Menschenhandel und Ausbeutung in deutschen Bordellen mitbekommen. Bekomme ich tatsächlich das versprochene Geld? Werde ich womöglich geschlagen oder sogar eingesperrt? Komme ich überhaupt noch nach Hause zurück?

Nach zwölfstündiger Fahrt bin ich aus dem Bus am Hauptbahnhof ausgestiegen und habe tief durchgeatmet. Nicht an das Schlimmste denken, sondern an das große Geld, das auf mich wartet. Ich informierte die Frau über meine Ankunft und wurde bald vom Bahnhof abgeholt. Nach etwa zwanzigminütiger Fahrt bin ich ans Ziel angekommen. Die Frau, mit der ich telefonierte habe, wartete schon auf mich. Sie hat mich freundlich begrüßt und hat sich als Miteigentümerin dieses Klubs und als meine zukünftige Chefin vorgestellt. Als allererste hat sie nach meinem Reisepass gefragt. Ich habe ihr meinen Reisepass gezeigt. Sie blätterte den aufmerksam durch und sagte: „Wir werden deinen Pass zuerst behalten, wir müssen deinen Aufenthalt bei einer Behörde melden... du bekommst den zurück, wenn du von uns gehst". Ich wusste nicht um welche Formalitäten sich handelt, ich habe auch nicht nachgehakt. Nach dem Passcheck hat sie sich dann auf das Wesentliche konzentriert, nämlich auf die Abklärung meiner Aufgaben. Sie hat mir Schritt für Schritt erläutert, wie der Arbeitsablauf von Ort und im Escort funktioniert. Danach ging sie durch die Preise für diverse sexuelle Dienstleistungen. Mein Verdienst wird jeden Tag nach dem Feierabend ausbezahlt. Als sie mit der Abklärung fertig war, führte sie mich noch rundum das Haus und präsentierte mir die Arbeitsräume. Die Ausstattung mancher Zimmer hat mich in die tiefe Verblüffung versetzt. An den rot gestrichenen Wänden hingen große Spiegel, unzählige Peitschen und Accessoires aus Leder, Lack und Gummi. Von den Decken hängten dicke, schwere Seilen und Eisenketten. Die meiste Dinge habe ich noch nie im Leben gesehen und hatte auch keine Ahnung, was man damit anfangen kann wozu das alles dient. Zum Schluss hat sie mir ein Zimmer zugewiesen. In diesem Zimmer sollte ich meine Freier empfangen und zugleich auch privat wohnen. Sie fragte mich auch, ob ich eine angemessene Kleidung für die Arbeit mitgebracht habe. Als ich ihr gezeigt habe, was ich im Koffer hatte, wurde sie deprimiert und sagte:

„Oh nee ... Mädchen, in dieser industriellen Wäsche kannst du dich den Freiern nicht zeigen... du brauchst komplett neue Outfits". Gleich Nachmittag bin ich mit ihr in die Stadt gefahren, um neue angemessene Arbeitskleidung zu kaufen. In einem Sexshop im Bahnhofviertel hat sie für mich ein paar Dessous und eine himmelhohe Plateauschuhe rausgesucht. Zur Ergänzung meines neuen Looks bekam ich ein Schminken Set. Sie hat mir auch gezeigt, wie ich mich für die Arbeit schminken soll. Mein Make-up sollte auffällig sein. Ich fand viel Rouge auf den Wangen und einen feuerroten Lippenstift fürchterlich und gekünstelt. Als ich noch das knappe Dessous angezogen habe, fühlte ich mich echt widersinnig und auf diesen hochhackigen Schuhen konnte ich kaum stehen. Mir blieb jedoch nichts anders übrig, als mich an mein neues berufliches Erscheinungsbild zu gewöhnen. Ich musste meine weibliche Attraktivität zum Vorschein bringen. Mein Aussehen musste ich jetzt als mein erotisches Kapital betrachten. Die Kosten der Anschaffung dieser Outfits musste ich selbst tragen. Sie wurden später mit meinem Verdienst verrechnet. In der Zwischenzeit hat ein Mitarbeiter ein paar Fotos mir gemacht und damit mich auf der Webseite des Klubs verlockend präsentiert. Kurz vor Beginn der Arbeit wurde ich meinen neuen Arbeitskolleginnen vorgestellt, mit einem zuvor ausgedachten Künstlernamen. Ich habe die Mädels ziemlich verschämt observiert. Sie schlenderten in ihren knappen Outfits völlig schamlos durch den Raum und plauderten ungeniert über die Freier. Ihre hemmungslose Art irritierte mich. Ich machte mir Gedanken, ob ich imstande bin, genauso sexy und selbstsicher wie sie alle aufzutreten. Ich dürfte mich jedoch von Ängsten und Zweifeln nicht stoppen lassen. Es begann mein erster Arbeitstag und ich musste mein Ziel durchsetzen

Mein erster Freier

Als Einsteigerin dürfte ich an meinem ersten Arbeitstag eine Schonfrist genießen. Das bedeutete, dass ich nur die Freier bedienen durfte, die im Klub bekannt waren und einen harmlosen Service buchten. Meinen ersten Freier hat die Chefin ausgewählt. Das war ein unscheinbarer Mann mittleren Alters. Er hat ein Standartservice gebucht, also Französisch als Vorspiel und einen Geschlechtsverkehr. Das war auch das Minimum, welches man einem Freier anbieten musste. Ich bin mit ihm gleich aufs Zimmer gegangen. Ich war natürlich sehr nervös, weil ich keine Ahnung hatte, wie ich mit ihm anfangen soll. Ich stand vor ihm steif wie gelähmt und habe geschwiegen. Zum Glück hat er den ersten Schritt gemacht. Er zog mich heftig an sich heran und sagte „Zieh das aus Mäuschen"! Ich legte mein Dessous ab. Völlig schüchtern habe ich versucht seinen Körper anfassen, dabei habe ich vermieden seinen Penis zu berühren. Zum Glück hat er selbst die Hand dran gelegt und wichste sein Glied steif. Einen Moment später hat er mich aufgefordert seinen Penis in den Mund zu nehmen...

„Ziehe den Pariser drüber"! sagte er ziemlich harsch. Ich rollte das Kondom drüber höchst unbeholfen. Ich hatte bis jetzt noch nie ein Kondom in den Händen gehabt. Ich habe auch noch nie einen Penis im Mund gehabt und wusste nicht so richtig, wie man den Blowjob macht. Meine Bemühungen ihn oral zu verwöhnen, waren eher tapsig. Mein Blasen hat ihm sichtlich nicht gefallen und die

Erregung seines Penis hielt nicht lange.

„Tja … es ist genug", grunzte er deutlich irritiert. Er hat seine Hand erneut dran gelegt und schaffte die nötige Steifigkeit seines Gliedes.

„Komm, setzt sich drauf"! sagte er ungeduldig. Ich bin auf seinem Penis gehüpft. Er hat die ganze Zeit mit seinen verschwitzten Händen meine Brüste heftig geknetet. Sein unangenehmer Atem hat mir ins Gesicht gehauen. Nach einer Weile hat er laut geröchelt und ejakuliert. Uff! Endlich war es vorbei. Er hat sich danach wortlos angezogen und eine Zigarette angezündet. Beim Verlassen des Zimmers hat er mit der Hand leicht auf meinen Hintern gehauen und sagte:

„Tschüs! Bis zum nächsten Mal"!

Als er weg gegangen war, habe ich noch eine Weile auf dem Bett gesessen und darüber nachgedacht, ob ich mich tatsächlich für diesen Job eigne. Ich fühlte mich wie ein Jammerlappen. Als ich wieder unten gekommen bin, musste die Verzweiflung in meinem Gesicht sichtbar sein, weil die Chefin sich gleich mit einem Glas Wodka zu mir hinsetzt hat. Sie hat mich auf die Schulter geklopft und lächelte mich verständnisvoll an. Sie hat es versucht, mich aus der Verzweiflung herausholen.

„Trink erst mal 'nen Schnaps… das ist doch normal wie du reagierst … anderen Frauen ging es beim ersten Mal auch ähnlich…und sie alle haben sich an die Freier gewöhnt…mach dir keine Sorgen…es wird schon klappen…" sagte sie.

Für die längere Grübeleien hatte ich allerdings keine Zeit mehr, die nächsten Freier haben schon nach mich gefragt.

An meinem ersten Arbeitstag war ich sehr aufgeregt und unsicher. Am darauffolgenden Tag war es schon besser. Ich erlebte die Situationen ein wenig emotional. Ich habe die Scheu überwunden und meine Unsicherheit ist im Nachhinein auch verschwunden. Ich habe mich an die Freier schneller gewöhnt, als ich dachte. Die Anfangsschwierigkeiten habe ich auch schnell vergessen. Ich bin als Hure angekommen und das Rotlichtmilieu hat mich völlig reingezogen. Nach einer Woche hatte ich keinen Zweifeln mehr gehabt, dass ich eine richtige Entscheidung getroffen habe, ein bürgerliches Leben hinter mich zu lassen...

Alltag im Klub

Der Klub machte früh abends um achtzehn Uhr auf, um dieselbe Zeit begann auch meine Arbeit.

Meine Arbeitszeit betrug jeden Tag zehn bis zwölf Stunden. An Wochenenden und während der Messen in Frankfurt musste ich oft länger arbeiten. Die ersten Freier kamen schon gleich nach der Öffnung und im Nachhinein herrschte ein starker Kundenverkehr und dauerte meistens bis früh morgens. Die Freier dürften entweder direkt mit einer Frau ihrer Wahl aufs Zimmer gehen oder sie könnten sich an der Bar setzten und sich einen Überblick über das Angebot an Frauen zu verschaffen. Mir war lieber, wenn ein Freier gleich zur Sache mit mir ging. Ich hatte nämlich nicht immer Lust mit jedem Freier quatschen. Nichtsdestotrotz musste ich das tun, wenn ein Freier an der Bar Interesse an mir zeigte. Die Freier haben meine Unterhaltungszeit mit ihnen natürlich bezahlt, durch die bestellte Getränke. Ich habe von jedem ausgegebenen Getränk prozentual Geld bekommen. Es lag also in meinem Interesse die Freier zur Bestellung teuer Getränken zu drängen. Ich habe mit einem Freier gewöhnlich zwei bis drei Cocktails oder Piccolos getrunken. Mir wurden in der Regel alkoholfreie Getränke serviert. Ich hatte aber auch Freier, die wesentlich länger mit mir plaudern wollten. In solchem Fall musste ich die Freier auffordern, eine große Flasche Champagner zu bestellen. Ich musste dann auch den Champagner mit dem Freier zusammen trinken. Es kam manchmal vor, dass ich an einem Abend mehr als eine Flasche mittrinken musste. Das Mittrinken eine Champagner Flasche hat mir zwar ordentliches Geld gebracht, mit großer Begeisterung habe ich das allerdings nicht gemacht. Ich konnte die größeren Alkoholmengen schlecht vertragen. Nach einem übermäßigen Alkoholkonsum musste ich mich öfter auf der Toilette übergeben. Zum Glück kam es nicht oft vor, dass ich mich besaufen musste. Der Champagner war teuer und nur wenige Freier waren bereit den zu bezahlen.

Der Feierabend war erst dann, wenn der letzte Freier den Klub verlassen hat. Ich bin nach einem langen Arbeitstag meistens gleich ins Bett gegangen. Ausschlafen dürfte ich mich ausreichend. Ich habe meistens bis Mittag geschlafen. Der Start in den neuen Tag begann mit dem Frühstück. Die erste Mahlzeit und alkoholfreie Getränke wurden uns kostenlos zur Verfügung gestellt. Um die restliche Verpflegung musste ich mich selbst kümmern. Ich habe das Essen meistens bei den Gastronomen in der Nähe bestellt.

20

Ab und zu haben uns auch die Betreiber eine Pizza gespendet. Die Betreiber haben sich um eine gute Arbeitsatmosphäre im Klub bemüht. Es wurde viel gearbeitet aber auch viel gefeiert. Ein paar Mal im Jahr sind im Klub große Partys stattgefunden. Zahlreiche Jungs auf schweren Maschinen aus ganzem Europa haben sich im Klub versammelt. Es floss viel Alkohol und es wurden diverse Rauschmittel konsumiert. Die Rauschmittel befanden sich in Reichweite, man durfte sich bedienen, zum Gebrauch wurde jedoch niemand gezwungen. Viele Frauen haben Alkohol und Drogen allerdings gerne konsumiert und das nicht nur auf Partys. Manche Frauen haben behauptet, dass Alkohol oder Drogen die Arbeit im Bordell erträglicher machen. Manche Frauen sagten sogar, dass sie ohne Alkohol oder Rauschmittel einen Freier gar nicht bedienen könnten. Solange sie das alles unauffällig konsumiert haben, hatten die Betreiber kein Problem damit. Problematisch wurde es dann, wenn der Alkohol- oder Drogenkonsum sich auf die Leistung der Frauen auswirkte. Frauen, die ernsthafte Probleme mit Alkohol oder Drogen hatten, mussten meistens gehen. Gehen mussten allerdings auch die Frauen, die sich zu oft weigerten, die schwierige und unangenehme Freier zu bedienen. Man durfte zwar einen oder anderen Freier aus einem gerechtfertigten Grund ablehnen, wenn aber eine Ablehnung zu oft vorkam, konnte man ganz schnell draußen landen. Für manche Frauen, die in Deutschland keinen privaten Anhaltspunkt hatten, war ein Rauswurf aus dem Klub ernsthaft problematisch. Sie konnten dann nirgendwo gehen. Sie wurden oft weiter an irgendwelchen Typen vermittelt und landeten meistens auf dem Straßenstrich oder in den verkommenen Bordellen. Man hat also stets den Druck verspürt, einen guten Umsatz aufbringen zu müssen. Ein sofortiger Rauswurf drohte auch für Sex ohne Schutz. Die Betreiber haben penibel darauf geachtet, dass alle sexuelle Handlungen im Schutz durchgeführt werden und alle Frauen gesund bleiben. Ich musste jede Woche einen Frauenarzt aufsuchen. Ich musste mich am Anfang auch auf HIV testen lassen und danach regelmäßig zwei Mal im Jahr. Die Kosten der Arztbesuchen und HIV Tests musste ich selbst tragen. Es wurde auch genau auf die Sauberkeit des Ambientes geachtet. Ich musste mein Arbeitszimmer stets sauber halten und nach jedem Treffen mit einem Freier gleich aufräumen. Es wurden auch strenge Regel bezüglich Bedienung der Freier vorgegeben. Man musste die gebuchte Zeit strikt beachten. Ein Treffen mit einem Freier sollte man eher früh beenden, als die Zeit überziehen. Die Freier durften ihre Besuche bei mir verlängern, müssten dafür aber extra bezahlen. Für die Nichteinhaltung von Regel drohten finanzielle Strafen. Ich habe mich an der Hausordnung gehalten und habe die Erwartungen der Betreiber erfüllt. Ich habe nie irgendwelche Probleme bekommen. Im Gegenteil, ich hatte zu den Betreibern von vorne an, ein gutes und im Nachhinein sogar sehr gutes Verhältnis gehabt. Zuerst lag es daran, dass ich zuverlässig war und den Betreibern einen ordentlichen Umsatz erbrachte. Vielmehr lag es jedoch daran, dass ich einem von den Betreibern einige Gefälligkeiten erwiesen hatte, die nicht unbedingt legal waren. Er züchtete nämlich Hunde, die nicht reinrassig waren, wollte aber seine Hunde als reinrassig verkaufen, dafür brauchte er entsprechende Abstammungspapiere. Ich habe ihm geholfen, in Polen an gefälschte Papiere zu kommen. Ich habe in der Spielbank einige Typen aus krimineller Halbwelt kennengelernt und habe den Betreiber mit ihnen kontaktiert.

Mein erster Aufenthalt im Klub hat drei Monate gedauert. In diesen drei Monaten habe ich Tag für Tag gearbeitet, ohne einen einzigen Tag frei zu haben. Im Klub war es völlig normal, dass man nonstop arbeiten sollte, wenn man dort auch wohnte. Ich habe am Anfang freie Tage auch nicht gebraucht. Ich war voller Tatendrang an die Arbeit und wollte die Chance nutzen, möglichst viel Geld zu verdienen. Ich hatte ein klares Ziel vor Augen gehabt, nämlich aus den Zwängen meiner miserablen Lebenslage möglichst schnell herauskommen. Welch ein schönes Gefühl war es, als ich nach drei Monaten mit ganzer Menge Geld heimkehrte. Kein Leben mit der ständigen Geldsorge mehr. Meine bisher unerfüllten Träume, konnten endlich in die Erfüllung gehen. Nach der Pause in meiner Heimat wollte ich selbstverständlich weiter in diesem Klub arbeiten. Eine Rückkehrmöglichkeit wurde jedoch nicht jeder Frau automatisch ermöglichst. Zurückkehren und dauerhaft bleiben dürften nur die Frauen, die sich früher als zuverlässige Arbeiterinnen erwiesen haben. Ich habe diese Bedienung erfüllt. Der Klub wurde für die nächste Jahre mein Arbeitsplatz und im ersten Jahr auch mein Zuhause. Am Anfang war die Unterbringung im Klub für mich eine befriedigende Lösung. Jedoch später, je länger ich dort lebte, spürte ich, dass ich in eine totale soziale Isolation gerieten bin. Meine sozialen Kontakte haben sich nur auf das Rotlichtmilieu reduziert. Außer Huren, Freier und Betreiber kannte ich sonst niemanden. Ich fühlte mich von der Außenwelt zunehmend abgeschottet. Außerdem hat es mir zunehmend gestört, dass ich keinen intimen Rückzugraum hatte. Ich wollte auf Dauer in solchen Verhältnissen nicht leben. Ungefähr nach einem Jahr ist es mir gelungen aus dem Klub auszuziehen. Mit Hilfe eines netten Stammkunden, der bei einer Immobilienverwaltung tätig war, habe ich eine Wohnung gemietet. Diese Wohnung habe ich mit meiner Arbeitskollegin Tamara geteilt. Ich habe mich mit ihr von vorne an gut verstanden und später befreundet. Mit eigener Wohnung ist ein Hauch der bürgerlichen Normalität in mein Leben zurückgekehrt. Ich konnte das Berufliches von Privatem endlich trennen. An meinem Arbeitsverhältnis im Klub hat sich nichts geändert. Ich bin abends in Klub arbeiten gefahren und morgens bin zurück nach Hause gekehrt.

Ich habe mich bald auch um einen geregelten Aufenthaltsstatus gekümmert. Als EU- Bürgerin hatte ich die Berechtigung einer Erwerbstätigkeit in Deutschland nachzugehen. Ich habe ein Gewerbe angemeldet und bin allen Pflichten, die daraus folgten, nachgegangen. Ich habe in dem Klub insgesamt sieben Jahre gearbeitet. Danach habe ich woanders versucht und bin anschließend in einem Laufhaus in der Breite Gasse gelandet. Dort habe ich bis zum Schluss meiner Rotlichtmilieu Karriere gearbeitet.

Zeige was du kannst

Ich habe in dem ersten Jahr sehr gutes Geld ohne große Anstrengung verdient. Ich war im Rotlichtmilieu neu und zahlreiche Freier sind zu mir gekommen um mich zu testen. In den ersten Monaten habe ich einen regelrechten Ansturm der Freier erlebt. Danach habe ich viele Freier nie wieder oder zumindest lange nicht mehr gesehen. Das sinkende Interesse an mich war damit begründet, dass ich den Freiern nur einen gewöhnlichen Standartservice angeboten habe und nichts drüber hinaus. Die Freier haben mich nach mehreren Besuchen öfters gefragt: „was machst du noch so alles?" Viele Freier waren von meinem harmlosen Angebot enttäuscht. Manche Freier haben mir sogar direkt gesagt, dass normal ficken können sie Zuhause, im Bordell wollen sie ganz anderes.

Ich habe natürlich von vorne an mitbekommen, dass die Freier auch ausgefallene sexuelle Wünsche haben. Nun, von den abwegigen Sexualpraktiken hatte ich eher vage Vorstellung. Ich habe mich verlegen gefühlt, wenn ich nach einem Krankenschwester Outfit gefragt wurde oder wenn die Freier meine Schuhe anstarrten. Von den auf Sex bezogenen Rollenspielen habe ich bis Dato noch nie gehört. Auch Dominanz und Fetischismus waren für mich ein Neuland. Nun habe ich realisiert, dass mein Standardangebot an sexualen Dienstleistungen und allein mein weiblicher Reiz werden nicht ausreichen, um im Rennen um das große Geld weiter zu bleiben. Aus Angst weniger oder sogar gar nicht gebucht zu werden, habe ich mich selbst unter Druck gesetzt, den Freiern das anbieten, was sie auch erwartet haben. Ich musste mich auf das Neues öffnen, obwohl mir die ausgefallene Sexfantasien der Freier Unbehagen bereitet haben. Ich musste mich mit den zahlreichen Facetten der Sexualpraktiken vertraut machen. Und vor allem musste ich meine psychische Barriere brechen und meine Verklemmtheit und Zurückhaltung ablegen. Ich musste bereit sein, das tun, was ich früher für unmöglich gehalten habe. Und so ist das Extreme zum neuen Normalen geworden. Als das Wort „tabulos" in meinem Profil erschienen ist und als ich einen Service angeboten habe, das Abartigkeiten und Perversitäten beinhaltet hat, stieg das Interesse an mich wieder rasant.

Am einfachsten fiel mir die Verwirklichung der Sexfantasien in fetischistischem Bereich. Den Fetischisten reichte es, meine umhüllte in verschieden Materialien Körperteile anschauen, anfassen oder beschnuppern. Ich brauchte für die Fetischisten also eine spezielle Ausrüstung. Diese Ausrüstung umfasste eine umfangreiche Sammlung von Kleidungstücken aus Leder, Gummi, Lack und sonderlichen Materialien, sowie auch eine Sammlung von Schuhen aller Art. Die Anschaffung dieses Zubehör kostete natürlich viel Geld. Diese Investition hat sich auf jeden Fall gelohnt. Ich habe sehr viele Fetischisten, als gut zahlende Kunden gewonnen. Viel mehr anstrengend war für mich die Verwirklichung diversen Rollenspielen. Bei den Rollenspielen handelte sich um sexuelle Handlungen, die mit fantasievollen Fabeln und Aktionen verbunden waren. Die Freier haben den sexuellen Reiz daraus gezogen, dass sie und ich in die Rollen anderer Personen schlüpften und dass wir die Szenarien gemeinsam nach ihrer Vorstellung verwirklicht haben. Die Freier kamen zu mir mit den Ideen und ich musste mich bemühen, die möglichst realistisch umzusetzen. Ich musste also schauspielern, so etwa wie in einem Theater und mein Zimmer diente als eine provisorische Schaubühne. Im Nachhinein war ich imstande viele unkonventionellen Erwartungen der Freier zu erfüllen. Die Freier haben meine Bereitschaft ihre Wünsche zu erfüllen und mein immer besseres sexuelles Können geschätzt. Ich konnte mich über den Mangel an Freier nicht mehr beklagen.

Gute Freier.... Schlechte Freier

Ich weiß es nicht genau, wie viel insgesamt Freier ich hatte. Ich schätze mal, es müsste ungefähr siebentausend Männer sein, die meine Dienste in Anspruch genommen haben. Die deutlich überwiegende Zahl der Freier war im Großen und Ganzen in Ordnung. Die meisten Freier waren nett zu mir und haben sich mit mir mit Empathie umgegangen. Ich hatte an der Arbeit mit ihnen auch Spaß. Besonders gerne habe ich die anständige und wohlhabende Rentnergeneration gehabt. Die Rentner haben mich körperlich weniger kaputt gemacht und hatten allgemein auch keine ausgefallenen Sonderwünsche. Ich habe im Nachhinein für vielen meinen älteren Freier echte Sympathie gehegt, zu manchen Freiern habe ich sogar ein vertrautes Verhältnis aufgebaut, das oft weit hinaus über das Geschäftliche ging. Manche Freier waren bereit für mich auch mehr tun, als es relevant war. Sie haben mir zum Beispiel ihre Hilfe bei Bewältigung meinen Alltagsproblemen angeboten. Ich habe ihre Hilfe manchmal in Anspruch genommen, wie zum Beispiel bei der Suche nach einer Wohnung. Manche Freier haben mir immer wieder kleinere oder größere Geschenke gebracht Ein netter Rentner hat mich mit Obst aus eigenem Garten versorgt und brachte mir selbstgemachte Marmelade. Ein anderer Freier hat mir regelmäßig Urlaubskarten ins Bordell geschickt. Ich hatte auch etliche Freier, die sich in mir verliebt haben und fühlten sich mit mir emotional verbunden. Freier, die eine emotionale Bindung zu den Huren suchten, haben wir im Bordell Liebeskasper genannt. Wenn ich auf einen Liebeskasper gestoßen hatte, habe ich natürlich die Gelegenheit genutzt, ihn finanziell auszunehmen. Ich habe dem Liebeskasper gezielt eine emotionale Verbundenheit vorgetäuscht und den Eindruck vermittelt, dass er für mich etwas besonders ist und dass ich ihn jedes Mal sehnsüchtig erwarte. In Wirklichkeit habe ich sehnsüchtig nur sein Geld erwartet. Ein Liebeskasper glaubte, ich werde in ihm ebenso verliebt und er war bereit mir viel mehr dafür bezahlen, als es relevant war. Manche Liebeskasper haben mir sogar regelmäßig etliche Summen von ihren Einkommen und Ersparnissen gebracht. Ich habe die guten Geldbringer natürlich auch viel privilegierter, als die anderen Freier behandelt. Ich habe mich bemüht diese Bordellbeziehungen möglichst lange aufrechterhalten. In manchen Fällen ist es mir gelungen, ein Spielchen mit den Gefühlen der Freier mehrere Jahre lang fortzusetzen. Die meiste Beziehungen mit den Liebeskaspern gingen jedoch schon nach ein paar Monaten in die Brüche. Sie haben nämlich erwartet, dass ich mich mit ihnen weiter nun auch privat treffen werde. Ich wollte aber keine Kontakte zu den Freiern außerhalb des Rotlichtmilieu zulassen. Ich habe im Bordell keine Liebe gesucht, sondern Geld.

Ich habe natürlich auch zahlreiche Stammkunden gehabt, die zu mir kein emotional geprägtes Verhältnis hatten. Sie haben zu mir eine gewisse Distanz gehalten. Wir haben miteinander nur auf einer sachlichen Ebene agiert. Nichtsdestotrotz hatte ich auch diese Stammfreier gerne. Die zahlreichen Stammkunden haben meinen Job angenehmer und erträglicher gemacht. Ich konnte mit den Stammfreier viel gelassener arbeiten, weil ich ihre Erwartungen schon kannte und wusste, was mich ihrerseits erwartet. Ich hatte Spaß am Kontakt mit den meisten Freiern, jedoch längst nicht mit allen. Ich hatte auch zahlreiche Freier gehabt, die ich abstoßend fand, obwohl sie mich anziehend fanden. Manche Freier hatten eine Art, die mich regelrecht anwiderte oder irgendwelche Eigenschaften, die sie unbeliebt machten. Sie haben auch für schwierige, peinliche oder stressige Situationen gesorgt. Ein Treffen mit solchen Freiern war nicht unbedingt angenehm, es war oft mir zur Last, so, dass ich diese Freier nur für ein notwendiges Übel gehalten habe.

Am meistens hat mir bei den Freiern schmuddeliges Aussehen und mangelhafte Körperpflege gestört. Im Klub hatte ich mit den ungepflegten Freiern selten zu tun. Wenn ich meinen Zweifel an der Sauberkeit eines Freiers hatte, dürfte ich verlangen, dass er zuerst unter die Dusche geht. Im Klub wurde auch ein extra Service angeboten, das ein gemeinsames Baden beinhaltete. Dieses Angebot wurde gerne vor allem von den LKW-Fahrer besonders an Wochenenden angenommen. Ganz anders haben hygienische Verhältnisse im Laufhaus ausgesehen. Im Laufhaus haben sehr viele Freier verkehrt, die es nicht für nötig hielten bei mir sauber auftreten. Es gab zwar auch im Laufhaus eine Duschmöglichkeit, jedoch aus Zeit- und Wäschemangel konnte ich nicht jedem Hygiene Muffel eine Dusche anbieten. Ich konnte lediglich verlangen, dass die Freier sich die Hände und Penis waschen. Die Waschung wurde nur im winzigen Waschbecken durchgeführt. Im Laufhaus wurden mir keine Wäsche und keine Hygieneartikel zur Verfügung gestellt. Ich musste die selbst besorgen. Am Anfang habe ich noch versucht, den Hygienestandard, den ich aus dem Klub kannte, noch aufrechterhalten. Ich habe jeden Tag einen Haufen frischer Wäsche brav von Zuhause geschleppt. Eines Tages hat mir eine alte Hure, die mir gegenüber arbeitete geklärt, wie man im Laufhaus arbeitet.

„Du brauchst nicht jeden Tag eine ganze Menge frischer Wäsche mitschleppen... ein frisches Bettlaken bietest du nur den Freiern, die dir gut bezahlen, die Billigficker sollen sich nacheinander auf das gleiche Laken hinlegen...wenn einer dein Laken mit Bremsspuren befleckt oder mit fließendem Schweiß benässt, wäschst du das unter Wasserhahn ab... danach trocknest du das Laken mit Haartrockner... und für hygienische Zwecke verwendest du statt Handtücher Papierrollen"

Übrigens, ich habe festgestellt, dass es ganz vielen Freier egal war, wie viele Vorgänger schon auf dem gleichen

Laken gelegen haben und ob das Ambiente sauber war. Sie trugen selbst oft muffige Kleidung und rochen stark nach Scheiß oder Rauch. Ein strenger Körpergeruch oder fauliger Mundgeruch der Freier waren für mich eine Qual. Ein starker Mundgeruch löste bei mir manchmal einen Brechreiz auf, wenn ein Freier mir zu nah kam. Auch ein Gestank schmutziger Socken und Schweißfüßen war keineswegs angenehm. Manche Freier trugen ihre Unterhose ein paar Tagen hintereinander. Nicht selten hatten sie auch den Unterzeug mit Urin oder Stuhlflecken beschmutzt gehabt. Dennoch allermeist hat mich ein stinkender Schritt der Freier angeekelt. Manche Freier haben die Hygiene da unten so krass vernachlässigt, dass ihr Intimbereich einen Geruch, so etwa wie in der Toilette verströmte. Sie sind auch nicht von sich selbst auf die Idee gekommen, ihren Penis vom Sex zu waschen, obwohl rund um die Eichel und unter der Vorhaut dicke Schichten klebriges Eichelkäse hafteten. Erst nach meiner Aufforderung haben sie ihr Glied selbst gewaschen oder ließen es mir das machen. Im Laufhaus hatte ich noch ein anderes unangenehmes Problem, nämlich permanent schlechte Luft in meinem Arbeitszimmer. Ich war stickiger Luft stundenlang ausgesetzt. Ein Lüften des Raumes war nur bedingt möglich, weil das Fenster mit Vorhängen verdunkelt bleiben musste. Eine schnelle Abhilfe bei Neutralisierung der schlechten Luft brachte ein Raumduftspray. Ich habe Unmengen davon verwendet.

Ich habe keine gute Erfahrung auch mit den Freiern gemacht, bei deren Bedienung ich einen enormen körperlichen Aufwand aufbringen musste. Besonders junge

Kerle haben gerne im Bett Vollgas gegeben und rammelten mich was das Zeug hält. Sie haben von mir auch erwartet, dass ich mich wie eine Pornodarstellerin verhalte. Junge Kerle haben Sex mit mir als Leistungssport betrachtet, in dem es um Dauer und Härte ginge. Sie haben mit mir in allen möglichen und für mich fast unmöglichen Stellungen quer durch den Raum getrieben. Sie versuchten in gebuchter Zeit mehrere Runden zu schaffen, dabei haben sie vor allem mich kaputt geschafft. Sie waren danach noch stolz auf ihre sexuellen Leistungen und haben mich grinsend gefragt „Na, wie war ich?" Sie meinten, ich müsste glücklich sein, so begnadete Ficker zu haben. Um noch mehr ausgiebigen Sex zu haben oder den Orgasmus zu intensivieren, haben manche Freier Aphrodisiaka oder Lifestyle Drogen eingenommen. Besonders beliebt bei den Freiern war eine ätzende Droge zum Einatmen, die man bei den Dealern im Laufhaus ohne Probleme kaufen könnte. Sie verströmte einen Duft, von dem ich oft üble Kopfschmerzen bekommen habe.

Genauso ungern wie die Sportficker hatte ich Nieten im Bett gehabt. Ich hatte zahlreiche Freier, deren beste Stücke den Dienst immer wieder verweigert haben. Wenn die Freier keinen hoch mehr gekriegt haben oder wenn die Erektion nicht lange gehalten hat, wurde mein Enthusiasmus deutlich ausgebremst. Ich hatte nämlich keinen Spaß daran, einen schlappen Penis mühselig mit der Hand oder mit dem Mund aufzurichten. Ich musste beim Wichsen oft reichlich Babyöl verwenden, weil Penis der älteren Freier weniger oder gar keine Lusttropfen erzeugten. Einen Penis mit glitschigen Händen anzufassen fühlte sich so, wie einen Fisch im Öl zu greifen. Ich musste aufpassen, dass es unter dem Hintern des Freiers ein Handtuch liegt und dass ein Bettlaken nicht mit Babyöl eingesaut wird. Trotz aller meinen Bemühungen passierte es öfter, dass ich einen Penis nicht genug steif gekriegt habe. Ich habe mich bemüht, den Freiern auf verschiedene Art und Weise zu helfen. Manchmal hat es geholfen, den Hodensack mit einem Strumpf rundum zu binden, manches Mal einen Metallring auf den Peniseinsatz aufzusetzen. Einige Freier haben es versucht, sich selbst zu helfen und brachten eine Erektionspumpe mit. Mit Hilfe dieses Gerätes ist es ihnen weniger oder mehr gelungen die Glieder steif zu aufrichten.

Körperlich anstrengend war für mich auch das Treiben mit übermäßig molligen und dickbäuchigen Freiern. Sie litten viel öfters unter den Erektionsstörungen, dazu hatten sie schlechtere Kondition und eine eingeschränkte Beweglichkeit. Außerdem standen mir mächtige Bäuche beim Verkehr im Wege. Ich musste dann schauen, in welcher Position Sex mit einem übergewichtigen Freier am besten klappt. Eine klassische Stellung eignete sich eher nicht, da schwere Freier sich nicht lange oder gar nicht auf den Armen stützen konnten. Zugleich hatte ich Angst, mit ihren schweren Körpern niedergedrückt zu werden. Ich habe den schweren Freiern nur solche Stellungen angeboten, in den ein Ausweichmanöver möglich war.

Ich hatte auch einige Freier, die am Anfang unserer Bekanntschaft sexuell gut funktionierten, dann mussten sie sich einer Prostataoperation unterziehen und danach war es nicht mehr so gewesen, wie es früher war. Bei manchen

Freiern nur vorübergehend, bei manchen leider dauerhaft. Viele von den betroffenen Freiern haben sich bei mir nicht mehr blicken lassen, es gab aber auch welche, die zu mir weiterhin gekommen sind. Ich habe die ungünstige sexuelle Lage dieser Freier ausgenutzt, in dem ich sie am Glauben festgehalten habe, dass sie ihre sexuelle Leistungsfähigkeit durch die häufigen Besuche bei mir wiederherstellen können. Situationen im Bett, in denen es nichts stand und nichts mehr ging, waren für mich zusätzlich belastend, weil ich nicht wusste, wie ich auf die Erektionsprobleme der Freier reagieren soll. Ich habe es versucht souverän zu handeln, da ich das Ego der Freier nicht verletzten wollte. Jedoch bei den neuen Kunden hielt sich mein Verständnis für ihre Erektionsproblemen in Grenzen. Ich wusste, wenn ein Freier beim ersten Mal versagt, wird es ein zweites Mal nicht geben. Ich habe ehrlich gesagt die meisten Freier mit Erektionsproblemen auch nicht nachgeweint. Ich habe es nämlich öfters erlebt, dass die Freier, die im Bett versagt haben, zu mir unfreundlich waren. Manche Typen haben sogar versucht, mir die Schuld an die Probleme mit eigenem Gerät verantwortlich zu machen.

Viele Freier waren nicht nur körperlich, sondern auch emotional anstrengend. Besonders ältere Freier, die beste Zeiten längst hinter sich hatten, haben gerne unablässige Monologe über ihre früheren sexuellen Heldentaten bei mir geführt. Genervt haben mich auch die Freier, die stets über ihre besten Stück und Potenz mit mir reden wollten. Sie haben mich als eine Sachkennerin, eine glaubhafte Quelle sexuelles Wissen betrachtet, weil ich schon tausende Penisse gesehen habe. Am häufigsten stellten sie mir diese essenzielle Frage, ob ihr Penis groß genug ist. Sie wollten auch oft wissen, wie sie im Vergleich mit den anderen Männern stehen. Nun, es war oft so, dass ich einem Besitzer eines winzigen Penis keine ehrliche Antwort geben konnte. Eine ehrliche Antwort könnte etliche Freier an den Rand der Verzweiflung bringen. Ich habe also mit Pokerface reagiert und das gesagt, was die Feier am liebsten hören wollten, nämlich, dass auch kleine Stöpsel viel taugen können. Übrigens, den kleinsten erregten Stöpsel, den ich je gesehen habe, musste ich im Schamhaar des Besitzers fast mit der Lupe suchen. Dieser Penis war groß so etwa wie mein Daumen. Ein vaginaler Verkehr war in diesem Fall technisch nicht möglich, weil der kleine Zwerg in meine Vagina kaum eindringen konnte. Es hat sich so angefühlt, als ob jemand an die Tür klopfen würde, aber nicht durchgehen konnte. Die Freier mit Mikropenis bumsten mich also zwischen meinen zusammen gepressten Oberschenkeln. Unglücklicherweise fehlte den kleinen Penissen oft auch an Dicke. Auf den dünnen Penissen hafteten Kondoms nicht besonders fest. Ich musste aufpassen, dass der Gummi beim Verkehr nicht abrutscht oder dass ich den beim Blasen nicht verschlucke.

Andersrum war ich auch von ganz großen Penissen nicht begeistert. Männliche Prachtstücke haben mir im Unterleib oft starke Schmerzen verursachten. Um ein extremes Eindringen in meine Vagina zu verhindern, habe ich für einen oder anderen Monsterpenis eine Schutzmanschette aus weichem Schaumstoff gebastelt. In der Mitte solcher Manschette schnitt ich ein Loch aus, so groß, wie der Penisansatz war. Eine drei, vier Zentimeter dicke

Manschette auf dem Penisansatz hat verhindert, dass der Penis mit seiner ganzen Länge in meine Vagina eindringen konnte. Die meisten Besitzer eines Monsterpenis waren mit meinem Trick einverstanden.

Irritiert haben mich nicht nur die Freier, die sehr viel geschwatzt haben, sondern auch diejenige, die ihre Wünsche und Bitten nicht vollständig vortragen konnten oder wollten. Ich wusste oft nicht, was sie eigentlich erwarten oder was sie meinten. Unbeliebt bei mir machten sich auch Typen, die im Bett totgeschwiegen haben, die während des Verkehrs keine Mine verzogen und keine Regung zeigten. Wenn ich kein sichtbares Feedback bekomme habe, war ich verunsichert. Ich wusste nicht, ob diese Freier mit meinem Service zufrieden waren.

Schlechte Erfahrungen habe ich auch mit den Männern gemacht, die wörtlich Analphabeten waren, wenn es um Kenntnis weiblicher Vagina geht. Sie rubbelten wild da herum, wo sie Klitoris vermuteten. Wenn sie noch dazu mit den Zähnen nagten, empfand ich das äußerst unangenehm. Meine Klitoris wurde danach zum Teil sogar wund. Ich erinnere mich an einem jungen Bastard, der meinen Kitzel so stark gebissen hat, dass ich in sein Gesicht mit Knie mit voller Wut gehauen habe.

Eine tiefe Abneigung habe ich auch zu den Freiern gespürt, die sich vor Kondomanwendung drückten. Die Nachfrage nach ungeschütztem Sex war besonders im Laufhaus groß. Es hat sich auch nichts geändert, als der Gesetzgeber die Verwendung von Kondomen vorgeschrieben hat. Ich wurde täglich mehrmals gefragt, ob ich mit oder ohne mache und ob ich für mehr Geld ohne machen würde. Auf Kondomverzicht drängelten öfter ältere Freier und die mit Erektionsproblemen. Manche Freier hielten die Kondome für Erektionsstörer und sahen die Schuld an ihre Unpässlichkeit in Verwendung von Kondomen. Für manche Freier waren die Gummis zu wenig romantisch und sie meinten, man sollte sie deshalb weglassen. Etliche Mehrbesucher haben es versucht mir einzureden, dass man bei längerer Bekanntschaft gar keinen Schutz mehr braucht, weil man sich schon so gut kennt. Manche Freier haben versucht mich zu überzeugen, dass ich keine Angst vor Sex ohne Schutz haben sollte, weil sie nur zu mir kommen und zu keiner anderen Frau gehen. Ein Freier meinte, ich sollte mich vom Sex ohne Kondom nicht sträuben, weil er weiß, wann er seinen Pimmel ausziehen muss, dass ich nicht schwanger werde. Ein anderer Typ versuchte mir weismachen, dass man Sex normalerweise nur natürlich macht, so wie der Gott das vorgesehen hat. Ein Kondom sei eine Sünde. Viele Freier haben es nicht nachgelassen. Sie meinten, wenn ich schon Sex nicht ohne Kondom machen will, dann sollte ich mindestens bereit sein, ihren Penis in den Mund ohne Gummi zu nehmen. Ich war entsetzt, dass die Freier ohne Augenzwinkern bereit waren, ein Risiko einer Krankheitsansteckung einzugehen. Meine Gesundheit war ihnen völlig schnuppe. Mir war meine Gesundheit natürlich nicht egal. Für mich war ein Kondom immer ein Muss und ein Verzicht darauf kam für mich nie in Frage, auch nicht für mehr Geld. Ich bin jedes Mal verzweifelt gewesen, wenn während des Verkehrs ein Kondom platzte oder abrutschte. Die Kondome haben mich nicht nur vor potenziellen

Krankheiten geschützt, sie waren auch eine Art Sperranlage, die den Rest meiner innigen Intimität von den Freiern schützte. Zum Glück hatte ich genug vernünftigen Freier gehabt, die penibel darauf geachtet haben, die Kondome zu anwenden.

Widerlich fand ich auch etliche Bordellbesucher, die fast nie Dienste einer Frau in Anspruch genommen haben. Sie waren erotische Schwarzfahrer, die in das Laufhaus kamen, um sich kostenlos aufgeilen können. Sie sprachen die Frauen an und versuchten ein erotisches Gelaber mit ihnen zu erzwingen. Sie haben sie auch die Frauen angefasst und begrabscht ohne Bezahlung. Übrigens, im Laufhaus geisterte permanent ein zwielichtiges Publikum. Jeden Tag kamen irgendwelche Ganoven und Hehler und haben versucht, ihr Diebesgut den Huren zu verkaufen. Und die Dealer waren ebenso jeden Tag da und fragten, ob ich ein Rauschmittel brauche. Fies fand ich auch Freier mit einer Basarmentalität. Sie haben immer wieder versucht, die Preise unverschämt und sogar dreist zu feilschen. Sie haben auch versucht mehr Leistungen herauszuschlagen, als es vereinbar und bezahlt war. Manche Freier hätten am liebsten alles gratis gehabt.

Im Klub hatte ich mit adäquater Bezahlung meiner Dienste kein Problem gehabt. Die angegebene Preise waren festgelegt und nicht verhandelbar. Im Laufhaus sah das anders aus. Die Frauen dürften ihre Preise selbst bestimmen. Das Laufhaus hat Image eines billigen Bordells gehabt, dementsprechend zog es dort auch finanziell schwache Klientel in Massen. Die Dumping Freier haben mich immer wieder aus dem Gleichgewicht gebracht, wenn sie mich fragten, warum bei mir so viel kostet. Ihrer Meinung nach müsste ich zum Beispiel einem Freier, der schnell abspritzt, einen Rabatt geben, weil er weniger Zeit in Anspruch nimmt. Eine Handnummer müsste ihrer Meinung nach nur die Hälfte kosten, weil einen runter zu holen, keine schwere Arbeit ist. Ein Bauer hat mir für eine Nummer zwei Kilo Spargel plus zwanzig Euro angeboten. Ein Südländer wollte mir für ein mehrstündiges Treffen mit angeblich echtsilbernem Besteck bezahlen. Ein anderer Freier hatte kein Geld dabei, wollte aber seine Jacke als Pfand bei mir lassen. Einem anderen Freier hat es ein paar Euro gefehlt, wollte beim nächsten Mal den fehlenden Betrag ausgleichen. Ich bin auch auf einen dreisten Ganoven gestoßen, der sich als Polizist ausgegeben hat und versuchte einen gratis Fick zu erschleichen. Er hat mir mit Problemen bei den Behörden gedroht, falls ich mich weigere, ohne Geld zu machen. Da ich bei den Behörden nichts zu befürchten hatte, bin auf seine Erpressung nicht eingegangen. Ein paar Wochen später haben ihn in einem anderen Bordell echte Polizisten geschnappt.

Abscheulich fand ich auch Freier, die einen mangelhaften Respekt mir entgegen hatten. Manche Freier haben mein Vertrauen unverschämt missbraucht. Sie haben mich nach meiner Handynummer gefragt. Ich habe geglaubt, dass sie meine Handynummer nur für eine Terminvereinbarung nutzen werden. Nun, manche Freier haben mich angerufen und mit einem vulgären Gelaber belästigt „Na! Bist du heute geil auf meinen Schwanz? … Wie viele Schwänze hast du schon heute gelutscht? …Haste Höschen heute unter dem Rock?" Solche Anrufe waren mir äußerst peinlich, wenn ich gerade einkaufen war oder in einem Restaurant gesessen habe. Die Freier ließen ihr losen Mundwerk auch in meiner Gegenwart. Ihre Wortwahl war schäbig und ging weit unter die Gürtellinie. Sie haben mich absichtlich vulgär angesprochen: "Fickst du gerne? … Lässt du alle deine Löcher benutzen?... Hast du große Fotze?... Schluckst du gerne Sperma?... Zeig mir deinen Arsch!" und so weiter.

Sie haben sich auch nicht von demütigenden und herabwürdigenden, auf mein Aussehen bezogenen Kommentaren zurückgehalten. Sie haben mich begutachtet und als etwas Fickbares oder Unfickbares eingestuft. Sie haben mich als schäbiges Ding... alte Fregatte... eine Olle mit Pornofresse... abgefickte Hure... Althure mit Scheiß Optik… und so weiter beschimpft.

Die Freier übelster Sorte haben mich nicht nur mit verächtlichen Worten und demütigenden Bemerkungen beleidigt, sie haben mich auch schlecht behandelt. Sie haben ihre Wünsche harsch und unfreundlich, wie Forderungen formuliert. Sie haben auf mich überhaupt keine Rücksicht genommen. Sie stützten sich auf mich, wie ausgehungerte Löwen auf ein Fleischstück und rammelten mich pausenlos wie ein Luftpressautomat. Sie haben mir stets Anweisungen gegeben, wie ich mich geben soll. Sie haben mich so fest angepackt, dass ich davon blaue Flecken bekam.

Manche Typen standen auf extremen Oralsex. Sie haben versucht, ihr Glied gewaltsam bis zum Anschlag in meinen Rachen reinstecken. Dabei fragten sie mich fies, ob ich das geil finde, einen Penis so tief im Rachen zu spüren. Nun ich wusste nicht, was es dabei geil sein sollte, den Mund mit einem Fleischstück voll verstopft zu haben. Außerdem haben die tiefen Stöße bei mir einen Würgereflex verursacht. Ich hatte jedes Mal Panik bekommen, dass ich mich gleich übergeben muss. Manche Primaten fanden es extrem geil, in den Mund einer Frau ejakulieren oder ihr das Gesicht vollspritzen. Ich habe den Freiern dieses Vergnügen nicht angeboten, nichtsdestotrotz haben es manche Typen versucht, ohne meine Zustimmung das tun. Sie haben das Kondom kurz von der Ejakulation abgezogen und das Sperma landete auf mein Gesicht oder in meinen Haaren. Manchmal hat es auch meine Augen erwischt, sie röteten danach noch stundenlang.

Auf meinen Hinweis, dass sie sich abartig und nicht akzeptable benehmen, reagierten sie pampig und sagten: rege dich doch nicht auf, du bist eine Hure... und Huren sind zum Ficken und nicht zum Kuscheln....

Ich steckte immer wieder in einem Dilemma. Wie soll ich mich mit den Freiern umgehen, die mich schlecht behandeln? Wie kann ich angemessen reagieren und was kann ich dagegen tun. Wie weit darf ich Zugeständnisse machen, um das Geld zu verdienen? Soll ich einem Freier den Dienst verweigern oder ihn doch lieber bedienen, weil ein respektloser Freier besser ist, als gar kein Freier? Mir war natürlich klar, dass jede Ablehnung meinen Verdienst verringert.

Zuerst habe ich es versucht, den respektlosen Freiern klar zu machen, dass die Art und Weise, wie sie sich mit mir umgehen, nicht akzeptable ist, dass ich ihr rabiates Vorgehen und eine Folter meines Körpers und Seele nicht billigen werde. Manchen Freiern war es nicht bewusst, dass ihr Verhalten mir leidtun könnte. Sie haben das nach meiner Klarstellung eingesehen und haben sich weiterhin korrekt benommen. Wenn die respektlosen Freier aber weiterhin unbelehrbar geblieben sind und keine Besserung in Sicht war, gab keine Besuche mehr. Ein Nein galt auch für die Freier, zu den ich Antipathie nicht lindern oder überwinden konnte. Übrigens, ich habe festgestellt, dass viele Freier mich getestet haben, wieweit ich ihre Respektlosigkeit zulasse. Wenn sie bemerkt haben, dass ich nicht alles über mich gehen lassen werde, suchten sie sich andere schwächere Opfer aus.

Ich versuchte die respektlosen Freier schon im Vorfeld zu vermeiden. Das war jedoch nicht immer möglich. Die Freier haben sich gut getarnt. Am Anfang machten sie einen netten Eindruck und dann im Zimmer verwandelten sich ins Monster.

Wenn ich mit einem respektlosen Freier in eine äußerst unangenehme Situation gerieten bin und wusste nicht mehr, wie ich mir helfen soll, habe ich das Sicherheitspersonal alarmiert. In jedem Raum in der Nähe vom Bett befanden sich Alarmknöpfe. Durch den ausgelösten Alarm wussten die Jungs in der Kantine, dass ich Hilfe brauche. Sie verfügten über einen Ersatzschlüssel und konnten in Sekundenschnelle in mein Zimmer hereindringen. Die Problemfreier wurden nach den Regeln des Rotlichtmilieu behandelt und schonungslos aus dem Bordell herausgebracht. Die Jungs, die als Sicherheitspersonal gearbeitet haben, stammen aus der Bodybuilding- und Kampfsportszene und waren nicht besonders zimperlich. Zur Neutralisierung der Freier haben sie nicht selten Pfefferspray und Schlagstöcke eingesetzt.

Was die Männer zu den roten Leuchtern treibt

Sex kann man eigentlich überall problemlos bekommen. Warum zieht dann die Männerschar tagtäglich ins Rotlichtmilieu? Warum bestimmt das Rotlichtmilieu sexuelles Leben so vieler Männer? Die Freier waren bereit für die Treffen mit mir sehr viel bezahlen. Sie ließen sich sogar den Verstand rauben, so, dass sie eine finanzielle Ruine und Bruch ihrer Beziehungen im Kauf genommen haben. Ich hatte etliche Stammfreier, die mir regelmäßig ein großes Teil ihres Einkommens gebracht haben. Manche Freier haben mit mir sogar ihre Ersparnisse, ihre Altersvorsorgen und Vermögen verfickt. Sie haben ihr Unwesen im Rotlichtmilieu solange getrieben, bis ihre finanziellen und körperlichen Kräfte ausgeschöpft wurden. Ich hatte die Gelegenheit über die alle Jahre hinweg in die Seele vieler Männer tief reinzuschauen. Viele Freier haben mir aus ihrem Leben erzählt. Sie haben mir ihre Herzenswünsche, intime Sorgen offenbart und in ihre partnerschaftlichen Probleme eingeweicht. Manche Freier waren echt verdammt ehrlich.

Jürgen
beschwerte sich über seine Frau „Sie hat auf Sex keine Lust mehr… wir leben miteinander wie Bruder und

Schwester." Er sagte aber auch, dass es nicht immer so war. Am Anfang hatten sie sogar sehr oft Sex miteinander. Nach ein paar Jahren wurde es aber immer weniger und weniger, er musste um Sex betteln. Ab und zu hat sie ihm noch das Gefallen getan, lag aber im Bett wie ein toter Fisch. Irgendwann hatte er auf erbettelten Sex keinen Bock mehr und hörte auf, sie dazu bereden. Er wollte sich mit der sexuellen Durststrecke jedoch nicht abfinden und suchte nach den Alternativen zu seiner Frau. Er war froh, dass er welche im Rotlichtmilieu gefunden hat. Die Ausreden seiner Frau mit Kopfschmerzen machten ihm nichts mehr aus...

Dirk

hat seine Bordellbesuche mit furchtbarer Monotonie in seiner langjährigen Partnerschaft gerechtfertigt. Sex mit seiner Partnerin war ihm zu langweilig. Er hätte gerne etwas Neues ausprobieren, konnte sie dazu aber nicht überzeugen. Sobald er eine Abwechslung eingefordert hat, nahm sie ihm das übel. „In Popo?... auf keinen Fall!... du solltest mir etwas nie mehr vorschlagen!" schrie sie ihn völlig wütend an. Er hat das auch nicht mehr getan. Er ging zu den Huren, die ohnehin abwechslungsreichen Sex anbieten.

Werner

erzählte mir, dass ihn ebenso unerfüllte sexuelle Wünsche in seiner Beziehung ins Bordell getrieben haben. Er hätte seine Gattin im Bett gerne in reizender Wäsche gesehen. Er schenkte ihr sogar welche, nun statt Freude, löste dieses

Geschenk bei ihr eine enorme Empörung auf. „Vergiss es, dass ich so etwas anziehe!" rügte sie ihn furios. Er hat auf seinen Wunschtraum nicht verzichtet, er ging ins Bordell zu den Huren, die Strapsen sowieso tragen...

Lars

sagte zu mir „ich kriege keine Frau... bei den Mädels bekomme ich nur Abfuhr..." Er hat schon unzählige Male versucht, in eine Beziehung einzugehen und jedes Mal scheiterte. Er hat die Hoffnung eine Frau zu finden, längst aufgegeben. Einen Anschluss an die weibliche Welt hat er letztendlich im Rotlichtmilieu gefunden. Im Bordell hat er das erste Mal in seinem Leben das Gefühl bekommen, akzeptiert und begehrt zu werden. Ich bin für ihn eine Ersatzfreundin geworden. Er gewöhnte sich an diese Lösung und hat eine bürgerliche Frau an seiner Seite gar nicht mehr vermisst...

Bernd

beschwerte sich, dass er in Sachen Liebe sein ganzes Leben nur Pech hatte. Er wünschte sich immer eine gefühlvolle, zartfühlende Frau kennenzulernen. Er sehnte sich nach warmer Weiblichkeit, stattdessen traf er nur auf emotional kalte Weiber, die ihn dominieren wollten. Er betonte immer wieder, wie ihm meine Zärtlichkeit und die gezeigte Zuneigung guttun. In der gebuchten Zeit schmiegte er sich an mich und streichelte zart meinen Körper. Er genoss das Schmusen und Kuscheln, Sex musste er nicht jedes Mal haben. Er fühlte sich bei mir so wohl, dass er sein Ausgehen immer hinauszögerte. Am liebsten hätte er bei mir für immer geblieben...

Markus

war extrem scheu. Er kam öfters ins Bordell, ging aber wieder raus, ohne eine Frau anzusprechen. Er lief immer mit gesenktem Kopf, mit der Schamrote auf dem Gesicht und hat jeglichen Blickkontakt vermieden. Eines Tages, als er an mir vorbeigelaufen ist, sprach ich ihn an. Zuerst zögerte er bei der Entscheidung, dann kam er doch zu mir. Er war im Bett die ganze Zeit steif und verängstigt. Ich musste die Initiative übernehmen und ihn de facto zum seinem Orgasmus führen. Ich glaube, er war erleichtert, dass ich den ersten Schritt gemacht habe. Seitdem gehörte er jahrelang zu meinen treusten Freiern...

Ralf

sagte mir, dass für ihn eine feste Beziehung gar nicht in Frage kommt „Ich habe keinen Bock auf diesen ganzen emotionalen Stress mit Eroberung einer Frau " sagte er. Die bis jetzt kennengelernte Frauen haben ihn nur enttäuscht. Er war verärgert, weil er Geld und Zeit in seine Beziehungen investierte und mit dem erhofften Sex hat es oft nicht geklappt oder der Sex war nur schlecht. Er ging also lieber ins Bordell, wo man Sex garantiert bekommt. Und das alles ohne Verpflichtungen (außer Bezahlung) und ohne jegliche Konsequenzen. Es hat ihm gefallen, dass er sofort zur Sache gehen konnte. Er brauchte sich auch keine Gedanken darüber machen, wenn er eine sexuelle Bekanntschaft beenden wollte. Zu einer Hure muss man zweites Mal nicht kommen....

Johannes

wollte ebenso keine feste Beziehung. Eine Beziehung war
für ihm nur mit zahlreichen Nachteilen und Risikos
verbunden. Er war frustriert, weil er zwei Scheidungen
hinter sich hatte und die Ehefrauen haben ihn finanziell
ruiniert. Er beschloss bis Ende seines Lebens nur die Huren
aufzusuchen. Er meinte, dass Sex mit den Huren günstiger
sei, als der Sex mit den bürgerlichen Frauen. Im Bordell sind
die Preise bekannt, er wusste also welche Kosten auf ihn
zukommen, seine Partnerinnen haben dagegen den Hals
nie voll bekommen. Er meinte auch, dass die Huren
ehrlicher sind, weil sie für das investiertes Geld im Bett
etwas machen, seine ehemaligen Partnerinnen hatten nicht
immer Lust auf Sex gehabt...

Heinz

war ein Greis, der mit einem Bein fast schon im Grab stand.
Er fand mich aber, damals Ende zwanzig schon viel zu alt.
Er prahlte gerne damit, dass er in seinem ganzen Leben nur
mit jungem Gemüse geschlafen hat und niemals mit einer
Frau, die älter als fünfundzwanzig Jahre alt war. Nun, in
realem Leben bekam er keine blutjunge Sexpartnerin mehr.
Sein Traum konnte er ausschließlich gegen Geld im Bordell
erfüllen. Gegen Geld konnte er eine Kompresse aus einem
jungen, glatten Körper auf seinem verwelkten Leib noch
stundenweise verspüren und genießen...

Armin

ging ins Bordell, weil er ästhetischen Sex haben wollte. Seiner Meinung nach, hatte er zu Hause keinen schönen Sex mehr gehabt, weil seine Frau älter, dicker und ungepflegter geworden war. „Es ist viel schöner, eine junge schlanke Frau, die eine kunstvoll depilierte Möse hat, zu ficken, als eine vierzigjährige, immer weiter auseinandergehende Ehefrau mit Zellulitis" sagte er. Er jagte in den Bordellen nach Frauen, die ruhig Playmate des Jahres sein könnten, obwohl er selbst schon alt war und optisch keineswegs wie ein Adonis aussah...

Frank
befand sich in einer tiefen Lebenskrise. Seine Beziehung ist in die Brüche gegangen, seine Frau ist mit einem anderen Mann abgehauen. Er war endlos enttäuscht, fühlte sich verraten und vor allem sehr einsam. Er brauchte dringend jemanden, mit dem er reden könnte, jemanden, der ihn einfach nur zuhört und etwas Verständnis für seine emotionale Lage aufbringt. Er ging ins Bordell, weil dort es am einfachsten war, eine fremde Frau anzusprechen und zu einem Gespräch schnell zu kommen. Er ist bei mir manchmal zwei Stunden geblieben und klagte ununterbrochen sein Leid. Er suchte nicht mal den körperlichen Kontakt. Mein verständnisvolles Entgegenkommen wirkte auf seine verletzte Seele wie ein Balsam. Ich war für ihn quasi eine Ersatztherapeutin Ich konnte zwar seine Probleme nicht lösen, aber seinen seelischen Schmerz mindestens in diesen zwei Stunden etwas lindern. Er besuchte mich regelmäßig, fast zwei Jahre lang. Danach hat er wieder eine bürgerliche Frau

kennengelernt und kam nicht mehr zu mir. Übrigens, ich kannte viele geschiedene, verwitwete Männer, die sich während ihrer Single Zeiten an Huren gewendet haben.

Norbert
hatte sexuelle Vorlieben, die gewaltig ab Norm abstiegen. Er hatte eine Partnerin, sie wusste von seinen Vorlieben allerdings nichts. Er hat sich in seiner Beziehung nicht getraut zu outen, weil er befürchtete, seine Partnerin hätte für seine Vorlieben kein Verständnis gehabt. Ein Besuch im Bordell war für ihm die einzige Möglichkeit, seine Neigungen auszuleben. Er fand das auch für eine komfortable Lösung, er konnte seinen Fantasien einen freien Lauf lassen, ohne befürchten zu müssen, dass jemand ihm sexuelle Störungen anschuldigt oder als Trottel, Spinner oder geistlich Gestörten beschimpft. Ich hatte etliche Freier, die mit ihren skurrilen Vorlieben zu mir kamen, weil sie ihren Partnerinnen nicht vertraut haben oder wollten die Partnerinnen mit ihren sexuellen Vorlieben nicht belasten.

Elmar
war fast jeden Tag im Bordell, obwohl er regelmäßig Sex mit seiner Frau hatte. Das hat ihm aber nicht ausgereicht. Seine Frau wollte nur einmal in der Woche und er brauchte jeden Tag, am bestens mehrmals am Tag. Ein Tag ohne Sex war für ihm ein verlorener Tag. Er kam zu mir öfters schon am Mittag, nachdem er zuerst alle Laufhäuser abgeklappert hat. Am Abend habe ich ihn wieder im Bordell gesehen, diesmal besuchte er andere Frauen. An manchen Tagen hat

er reihenweise kopuliert und seinen Samen verspritzt, bis er dehydriert war. Das Einzige, was ihn noch von der permanenten Kopulation abhielt, war sein ausgeschöpfter Geldbeutel. Er prahlte voller Stolz damit, dass er schon Sex mit über tausend Frauen gehabt hätte. Die Menge seiner Ejakulationen bezeichnete er als die beste Leistung seines Lebens. Er hängt bestimmt immer noch im Bordell herum und versucht seinen Rekord zu knacken, nämlich das nächste Tausend Frauen....

Peer

kam ins Bordell, weil er andauert einen neuen sexuellen Anreiz brauchte. Er war stets auf der Suche nach neuen Zugängen. Sobald er eine neue Hure entdeckte, rannte er sofort zu ihr. Dennoch egal, wie sie gut war, besuchte er sie nur zwei, drei Mal und danach nicht mehr. Als ich im Laufhaus arbeiten angefangen habe, war er einer von meinen ersten Freiern. Er besuchte mich in kürzer Zeit sogar mehrmals. Dabei hat er jedes Mal über mich geschwärmt und betont, wie ich ihn wahnsinnig geil mache. Dann auf einmal kam er nicht mehr zu mir, obwohl er weiterhin an mir vorbeigelaufen ist. Auf meine Frage warum er mich nicht mehr besucht, antwortete er kurzum „Nur ein Mann, der jeden Tag derselbe Suppe isst, fickt jeden Tag derselbe Frau."

Der Graf von...

machte auf den ersten Blick einen charmanten Eindruck. Er fragte mich, ob ich gut Deutsch kann. Wie es sich nachher herausstellte, es ging ihm nicht darum, dass ich seine

Wünsche exakt verstehe, sondern darum, dass ich seine Demütigungen mitbekomme. „Wenn du mich gut befriedigst, darfst vielleicht mit mir mein Porsche fahren... bist du schon überhaupt Porsche gefahren?" fragte er. Dann machte er mir ein Angebot, das mich umgehauen hat. Er schlug mir nämlich vor, einen privaten Pornofilm zu drehen, aber nicht mit ihm als Darsteller, sondern mit seinem Pferd. „Ich zahle dir tausend Euro dafür... du braucht doch das Geld...sonst würdest du dich hier nicht huren... da, woher du kommst, ist tausend Euro viel Geld, nicht wahr?... deine Familie könnte sich viel dafür leisten..." Nun, habe ich seinen fiesen Monolog mit dem Drücken auf Alarmknopf unterbrochen. Der Bordellaufpasser hat ihn in wenigen Sekunden aus dem Bordell herausgebracht. Übrigens, er kam nach ein paar Monaten wieder und fies lachend verkündigte mir, dass es für ihn überhaupt kein Problem war, dass ich sein Angebot nicht angenommen hatte. Eine osteuropäische Mafia hätte ihm ganze Menge williger Huren geliefert, die mehrere Pornofilme mit seinen Pferden gedreht haben und er musste ihnen dafür gar nicht so viel bezahlen. Wenige Minuten später bekam er doch ein ernsthaftes Problem. Diesmal hat der Bordellaufpasser ihn so hochkantig rausgeschmissen, dass statt mit Porsche nach Hause zu fahren, wurde er mit einem Krankenwagen in Richtung der Klinik abtransportiert. Eine Strafanzeige wegen Körperverletzung hat er nicht erstattet....

Die Männer suchen das Rotlichtmaus auch deswegen aus, weil sie dort aus dem Käfig moralischer und sozialer

Normen einfach ausbrechen dürfen. Im Bordell können sie ein gutes Benehmen ablegen und brauchen auf kultivierte Sprechweise und gute Umgangsformen nicht achten. Eine Frau im Bordell muss man nicht wie eine Dame behandeln. Sie können alle Hemmungen fallen lassen und ihr wahres Wesen zeigen. Das Rotlichtmilieu ist also auch eine leicht erreichbare Anlaufstelle für jegliche Frauenhasser und Frauenverächter, wo sie ihre Abneigung Frauen gegenüber hemmungslos zeigen können. Soziale oder rechtliche Sanktionen brauchen sie dafür nicht befürchten...

Gentleman genießt und lügt was das Zeug hält

In der bürgerlichen Gesellschaft trifft man auf die Freier so gut wie nie. Ich weiß in meinem Bekanntenkreis nichts von einem einzigen Freier. Ich habe privat noch nie einen Mann getroffen, der einen Bordellbesuch eingestanden hätte. Alle Männer darauf angesprochen haben beantwortet, dass sie ein Bordell von innen noch nie gesehen haben. Die Ausflüge der Männer ins Rotlichtmilieu bleiben also schlicht unbemerkt. Den Freiern gelingt es, ein Doppelleben zu führen und ihre Leidenschaft für Huren so perfekt verheimlichen, dass ihre Partnerinnen, Familie, nicht mal die besten Freunde davon etwas ahnen. Die Freier müssen sich natürlich ordentlich darum bemühen, dass ihre Geheimnisse nicht ausfliegen. Sie haben bei mir beim Ausgehen immer penibel darauf geachtet, dass sie keine verdächtigen Spuren von Bordellbesuch nach Hause bringen. Bevor sie mein Zimmer verlassen haben, schauten sie noch genau nach, ob an ihrer Kleidung vielleicht mein Haar nicht hängt. Manche Freier steckten sich in die Unterhose ein Toilettenpapierstück, weil das Sperma noch gewisse Zeit nachlaufen konnte, damit wollten sie eventuelle Spermaflecken auf der Unterhose vermeiden. Die meiste verheiratete Freier haben von mir keine Handynummer genommen, sie merkten sich aber genau meine Arbeitszeiten oder haben nach mir in Internetforen nachgefragt. Sie kamen zu mir während der Mittagspause oder direkt nach dem Feierabend, also in einem Zeitraum, in dem sie nicht kontrollierbar waren. Die verheirateten Männer kamen so gut wie nie an den Wochenenden oder an den Feiertagen. Sie haben während des Treffens mit mir ihr Handy nicht abgeschaltet, sondern auf lautlos gestellt. Wurden sie während des Vergnügens angerufen, gingen sie meistens nicht dran. Später haben sie behauptet, den Anruf durch den Lärm in der Stadt nicht gehört zu haben. Wenn sie doch dran gingen, dann haben sie im Nu Ausreden erfunden, die so plausibel klangen, dass ihre Partnerinnen ihnen glauben mussten. Die Freier haben nach einem Bordellbesuch in ihre heile Welt zurückgekehrt, so, als ob es nichts passiert wäre.

Ob die Freier ein schlechtes Gewissen den betrogenen Partnerinnen gegenüber hatten? Eher nicht. Ich hatte nicht den Eindruck gehabt, dass sie einen Zweifel an ihrem Vorgehen hatten. Für die meisten Freier war ihre Untreue das geringste Problem. Ich hatte einen Freier, dessen Frau im Sterben lag und er kam zu mir, wie er sagte, Kräfte aufzutanken. Übrigens, die meisten Freier haben Sex im

Bordell gar nicht als Fremdgehen gesehen. Ich hatte selbst den betrogenen Frauen gegenüber auch kein schlechtes Gewissen gehabt. Warum sollte ich es auch haben? Ich musste diesen Frauen nicht in die Augen schauen, sondern die untreuen Partner. Ich habe nur aufgepasst, dass die Freier während der leidenschaftlichen Sexspielen ihre Eheringe in meiner Muschi nicht verlieren. Ehrlich gesagt, ich habe mich den betrogenen Partnerinnen gegenüber sogar überlegen gefühlt, weil ihre Männer sie Zuhause gelassen haben und zu mir kamen. Ich war imstande die Männer besser als sie sexuell zufriedenstellen. Ich konnte den Männern das anbieten, was sie nicht anbieten konnten oder wollten. Ich habe auch ihre Männer in den Situationen erlebt, in den sie wahrscheinlich sie nie erlebt haben oder nie erleben werden. Und ich hatte mit ihren Männern ein gemeinsames Geheimnis. Ich wusste, dass meine Freier Partnerinnen haben, aber die Partnerinnen wussten nicht, dass ihre Männer mich haben.

Freier Lauf der Triebe

Der tägliche Kontakt mit den Freiern brachte immer Geschichten mit sich. Viel von diesen Erlebnissen sind schnell verblasst worden, an manchen Erlebnissen werde ich mich noch lange erinnern. Die Freier sorgten für zahlreiche skurrile, peinliche, lustige Situationen und auch für solche Momente, in denen ich an Verstand der Männer einen Zweifel bekommen habe. Ich lasse das Erlebte noch einmal Revue passieren.

Michael

stand auf extreme Hoden Folter. Ich musste seinen Hodensack zuerst mit einem dicken Schnürsenkel ringsherum binden. Darauf habe ich seinen Penis mit einer Hand gewichst und mit zweiter Hand den Sack geknetet. Er verlangte von mir, dass ich seinen Hoden so fest wie möglich zusammenquetschte. Das habe ich auch gemacht. Dann passierte mir ein schockartiges Ungeschick. Ich habe meine langen Fingernägel in seinen Sack so fest eingedrückt, dass die Haut am Peniseinsatz durchgeschnitten wurde. Es entstand eine Wunde, aus der Blut wie aus einer Fontäne herausspritzte. Ich habe mich furchtbar erschreckt, Michael übrigens auch. Voll von Panik habe ich den Alarmknopf gedrückt und lautstark nach Hilfe gerufen. In der Zwischenzeit habe ich hektisch versucht, den Hodensack aus der Verflechtung zu befreien. Die Chefin ist mir sofort zur Hilfe geeilt. Sie hat die Wunde am Penis so geschickt versorgt, dass kein Notarzt gerufen werden musste. Ich habe seit diesem unglücklichen Vorfall keine künstlichen Krallen mehr getragen...

Achim

wurde von Huren permanent abgewiesen. „Du nix zu mir mehr kommen...du laufe weiter!" schrie eine Frau, dann gleich eine andere „Ich nix mit dir machen!" Ich wusste nicht, aus welchem Grund haben ihn die Frauen abgelehnt. Mir schien er in Ordnung zu sein, also habe ich ihn in mein Zimmer reingelassen. Er hat einen Standartservice gebucht, das Treffen brachte nichts Aufregendes mit sich. Kurz danach hat er mich wieder besucht. Ich habe seinen Penis gemütlich geblasen, so, wie ich das letzte Mal auch gemacht habe und spielte dabei mit den Fingern rundum seinen Hodensack und den After. Plötzlich habe ich gemerkt, dass meine Finger mit Blut beschmiert waren und das Bettlaken ebenso mit Blut befleckt war. Das hat mir einen riesigen Schreck eingejagt. Ich dachte, ich hätte wieder einen Freier mit den Fingernägeln verletzt. Achim war sichtlich irritiert, ist jedoch gefasst geblieben und sagte, dass ich keine Schuld daran trage. Er litt an Hämorrhoiden und die anale Reizung mit dem Finger verursachte die Blutung. Er hätte mich vorwarnen müssen. Ich war von dieser Panne natürlich nicht begeistert, da ich gerade kein sauberes Laken mehr hatte. Er fragte mich sanftmütig, ob er weiter zu mir kommen darf. Natürlich durfte er weiter zu mir kommen, er war sonst ein netter Kerl. Nun beim nächsten Mal legte ich auf dem Bett eine Folie...

Eines Tages ist ein älterer Rom zu mir gekommen und im Vorfeld sagte, dass er selbst mit mir nichts machen will, möchte aber gerne, dass ich ihm ein Gefallen tue. Es ging um seinen fast siebzehnjährigen Sohn. Er meinte, dass sein Sohn nicht genug Interesse an Frauen hätte. Ich sollte also den Jungen austesten. Der Alte hat mir den abgemachten Betrag bezahlt und der Junior ist gleich reingekommen. Er selbst hat vor der Tür gewartet. Der Junge war ziemlich schüchtern, aber ich habe ihn heiß gemacht und er hat seine Rolle im Bett einwandfrei erfüllt. Als der Junge mein Zimmer verlassen hat, kam der Alte sofort rein und hat erwartungsvoll nach dem Ergebnis gefragt. Ich konnte ihm eine beruhigende Antwort geben, mit seinem Sohn war es alles in Ordnung...

Jean-Pierre

war der lästigste Freier, den ich je hatte. Er hat dank seiner reichen Familie ein wohlhabendes, zugleich aber blasiertes Leben geführt. Wenn er Langeweile hatte, ging er öfters ins Bordell. Er hat mir zwar erzählt, dass er normalerweise nicht nötig hat, im Rotlichtmilieu ständig zu verkehren, aber ich habe ihn angeblich so verzaubert, dass er immer wieder zu mir kommen muss. Ich musste ihn allerdings ganz toll verzaubern, weil er mehrmals in der Woche zu mir kam und ist bei mir immer mehrere Stunden geblieben. Mit dem Sex klappte es meistens nicht, weil er permanent unter Drogeneinfluss stand. Aber um Sex ging ihm so gut wie gar nicht. Er brauchte jemanden, der ihn einfach nur geduldig zuhört und eine Begeisterung für ihn zeigt. Die meiste Zeit hat er mir erzählt, wo er seine Designklamotten kauft, zu welchem angesagten Friseur er geht und wo er schon überall auf Partys und Event auf der ganzen Welt gewesen war. Er behauptete viele prominente Menschen zu kennen. Zwischen den Besuchen schickte er mir ab und zu per SMS ein Foto, wo er mit manchen prominenten Personen zu sehen war. Er hat mir auch versprochen, dass er mich irgendwann auf den roten Teppich mitzunehmen wird. Er kam zu mir solange, bis ich ihm den Eindruck vermittelt habe, dass ich ihn ganz toll finde. Nach dutzenden anstrengenden Besuchen hat aber meine vorgespielte Begeisterung für ihn nachgelassen, ich war einfach von seiner Persönlichkeit und seiner Art übermüdet. Als ich ihm zu wenig Bewunderung zeigte, hat er mich verlassen. Übrigens auf den roten Teppich hat er mich nie mitgenommen...

Udo

war sehr stolz auf seine imposante Fotosammlung, die mindestens zweihundert Abbildungen von Vaginen umfasste. Die Fotos mit Vaginen haben ihm als Vorlage für Wichsen gedient. Er hat die komplette Fotosammlung in den Bordellen erschafft. Gegen Aufpreis durfte er auch meine Muschi nach seiner Vorstellung fotografieren. Um meine Vagina reizend ins Szene setzen zu können, hat er mir sogar einige Male sündhaft teure Dessous geschenkt. Während der Fotoshootings hat er pausenlos und immer total begeistert die Unterschiede zwischen den Vaginen vorgebracht. Er ist zu mir zwei manchmal drei Mal im Jahr gekommen. Sex haben wir nie gehabt. Er hat ernst behauptet, er werde der beste Vaginen Kenner in Deutschland. Er wollte sogar ein Bildband mit seinen Aufnahmen herausgeben. Die Abbildungen meiner Muschi sollten sich in diesem Bildband ebenso befinden. Ob er das geschafft hat, weiß ich nicht. Ich habe ihn irgendwann aus den Augen verloren...

Hubert

war auch als Hobbyfotograf in den Bordellen unterwegs. Auf der Suche nach neuen Fotoobjekten ist er auch Mal zu mir hereingekommen. Er hat mindestens fünfzig Aufnehmen von meiner Vagina gemacht und versprach mir nächstes Mal welche Abzüge zu zeigen. Nun, ich habe die versprochenen Fotos nie gesehen, weil jemand seine

Kamera mit den frisch geschossenen Aufnahmen in U-Bahn gestohlen hat...

Detlef

hatte einen Spitzname Friseur. Er suchte sich im Bordell Frauen aus, die ihm erlaubten, ihr Schamhaar zu entfernen. Ich habe ihm dieses Vergnügen gegen guten Aufpreis auch angeboten. Ich habe während meiner regulären Erholungspausen mein Schamhaar extra für ihm wachsen lassen. Nach der Pause, wenn ich wieder im Bordell arbeiten angefangen habe, war er immer mein erster Kunde. Das Ritual verlief immer gleich. Ich legte auf dem Bett eine Folie, dann legte mich drauf und spreizte meine Beine breit. Michael seifte zuerst meinen intimen Bereich ein und dann rasierte vorsichtig mit einem Einwegrasierer das herangewachsene Haar von meinen Schamlippen ab und stutzte kunstvoll das Haar am Venushügel. Danach folgte eine angenehme minutenlange Massage samt Eincremen meiner Schamlippen. Zum Schluss wichste er sich und durfte auf meine blanke Vagina abspritzen...

Jens

zählte auch zu den treuen Liebhabern meiner Muschi, obwohl er meine Muschi gar nicht penetrieren wollte. Viel mehr als Sex hat ihn eine gründliche Erkundung meines intimen Geschmacks und Geruches gereizt. Ich lag auf dem Bett mit breit gespreizten Beinen, er drückte immer wieder seinen Kopf an meine Muschi und inhalierte ausgiebig den Geruch. Zwischendurch hat er auch seine Finger in meine Vagina reingesteckt und hat die Finger nachher genüsslich abgeleckt. Dabei grunzte er die ganze Zeit: „Oh, wie du herrlich riechst... wie du gut schmeckst." Zum Schluss hat er seinen Penis intensiv gewichst und in seine Unterhose abgespritzt. Beim ersten Besuch dachte ich, es ist ihm wohl ein Missgeschick unterlaufen und wollte ihm schnell ein Tempotuch überreichen. Er lehnte das jedoch dankend ab und sagte, dass es alles in Ordnung sei. Beim nächsten Mal habe ich ihn auf sein merkwürdiges Verhalten angesprochen. Er sagte mir, dass er unheimlich geil findet, die Nässe seines Spermas in der Hose zu spüren, während er auf dem Weg nach Hause im S-Bahn sitzt...

Gerald

war ein Bauer, der seine Erzeugnisse auf dem Wochenmarkt im Frankfurt verkaufte. Er hat mich fast jede Woche besucht. Er brachte mir etwas Obst und immer einen neuen Slip mit. Die Slips waren jedoch kein Geschenk für mich. Er hat sie beim nächsten Mal abgeholt. Er wünschte sich, dass ich die gebrachten Slips mehrere Tage nacheinander trage, es sollten drauf Gebrauchsspuren sichtbar sein. Nun, ich hatte keinen Bock, diesen schäbigen Unterzeug privat tu tragen. Die Gebrauchsspuren habe ich künstlich nachgemacht. Ich pinkelte etwas in einen Becher mit Naturjogurt rein, mischte ich daraus eine Mixtur und mit dieser Mixtur schmierte ich die Slips. Ich ließ das ein paar Tage einsickern. Danach habe ich die Slips in eine Frischhaltefolie eingepackt und ins Bordell mitgenommen. Franz war von dem Geruch der „gebrauten" Slips immer total begeistert. Er ist auf meinen Schwindel nie hereingefallen...

Ewald

brauchte zur vollständigen Befriedigung einen nassen Reiz, nämlich den Urin. Jedes Mal, wenn er mich besuchte, brachte mir eine Thermoflasche mit. Diese Thermoflasche habe ich bei mir Zuhause bis zum Tag seines nächsten Besuches aufbewahrt. Er hat seinen Besuch immer einen Tag vorher angekündigt. Ich musste also am nächsten Tag meinen morgigen Urin in die Thermoflasche auffangen. Außerdem sollte ich am diesen Tag möglichst viel Wasser trinken, um ihm auch im Bordell viel Urin liefern zu können. Sein Besuch war kurz. Er legte sich auf den Fußboden, auf den ich zuvor eine Folie ausgelegt habe und wichste seinen Penis. Meine Aufgabe bestand darin, kurz von seiner Ejakulation einen Urinstrahl direkt in seinen Mund zu richten. Er schrie lauthals „Pissss mich aaaan...!" in diesem Moment bekam er auch die volle Ladung. Er versuchte gierig möglichst viel davon abbekommen. Zum Schluss hat er noch eine leere Thermoflasche gegen die volle ausgetauscht. Die Verabschiedung mit war für mich ziemlich eklig, weil er mich mit seinem Mund, der nach meinem Urin gestunken hat, küssen wollte...

Ein von den krassesten Erlebnissen im Bordell hatte ich schon ziemlich am Anfang meiner Arbeit erlebt. Eines Tages fragte mich die Chefin, die selbst noch als Domina tätig war, ob ich extra mehr Geld verdienen möchte. Ein altbekannter, extrem perverser Freier hat bei ihr einen Besuch angekündigt. Sie nannte ihn Kackfresser. Natürlich wollte ich extra Geld verdienen, außerdem war ich neugierig, wie so eine Session mit einem extremen Perversling abläuft. Meine Aufgabe bestand darin, diesem Freier „Futterstoff" zu liefern. Im Keller des Klubs befand sich ein spezieller Raum, in dem Praktiken mit Ausscheidungen durchgeführt wurden. Ein paar Stunden vor der Buchung wurden dort Duftkerzen angezündet. Es verbreitete sich ein angenehmer Duft, allerdings nur bis die Session begann. Nun machte ich mir Gedanken, wie sollte das funktionieren, dass ich meinen Darm auf Kommando ausleere.

„Mach dir keine Gedanken" sagte mir die Chefin „Du nimmst eine starke Dosis von Abfuhrtabletten ein und danach geht es ganz schnell"

Ich schluckte die Tabletten runter und ungefähr nach einer Viertelstunde spürte ich schon den wirkenden Effekt. Die Session konnte beginnen. Die Chefin hat dem Freier befohlen, sich rasch nackig zu machen und sich auf den gefliesten Boden unter einem Hocker hinlegen. Im Sitz des Hockers befand sich ein größeres Loch. Ich musste mich auf den Hocker setzen. Inzwischen habe ich schon in meinem Darm einen starken Druck gespürt, es musste gleich los gehen.

„Gib mir deine dicke Wurst!... ich will jetzt deine Wurst!" schrie der Perversling.

Nun, statt großen Brocken ist ein flüssiger Inhalt aus meinem Darm ausgelaufen und verspritzte blitzschnell auf sein Gesicht. Er hat seinen Körper und Gesicht mit den Exkrementen beschmiert und danach seine beschmierten Finger abgeleckt. Das ganze Ereignis hat bei mir mehrmals

62

einen Würgereflex verursacht und ich musste den unterdrücken. Dies gelang mir nur mit großer Mühe. Zum Glück war meine Teilnahme an dieser Session beendet. Die Chefin sagte:

„Du kannst gleich gehen, aber bevor du gehst, muss dieses Schwein deinen Popo mit der Zunge sauber machen"

Ich bückte mich noch über seinen Kopf und er leckte an meinem Hinten herum. Sie prüfte, ob er das ordentlich gemacht hat und ich dürfte gehen...

Nach diesem Erlebnis habe ich extremen Spiele mit Ausscheidungen lange Zeit abgelehnt, bis mich wieder ein perverser Freier mit einem finanziellen Argument dazu überzeugte, mal wieder das tun. Er hat sich bei mir als ein anspruchsvolles Bioschwein vorgestellt, das nur mit einer natürlichen, biologischen Kost gefuttert werden soll. Das Futter sollte ich ihm besorgen, dies musste jedoch seiner Erwartung entsprechen. Er bestand nämlich auf schwarze Exkremente. Um solche Farbe der Ausscheidung am Tag seines Besuches zu erzielen, musste ich bevor eine ordentliche Portion Blaubeeren essen. Zum Glück mochte ich Blaubeeren. Wir haben vereinbart, dass ich ihn informiere, sobald ich auf Toilette muss. Er wartete im Auto und ist blitzschnell erschienen, wenn es so weit war. Wir kamen dann ohne Umschweife sofort zur Sache. Er legte sich auf den Fußboden und machte den Mund auf. Ich hockte mich über seinen Kopf hin und habe den Inhalt meines Darmes langsam in seinen Mund ausgedrückt. Er versuchte jedes Häppchen aus meinem Popo auffangen. Gleichzeitig beschäftigte er sich mit Wichsen seines Penis.

Als ich diese absurde Aktion im Spiegel gesehen habe, musste hysterisch lachen. Ich konnte meinen Lachanfall kaum beherrschen. Er war irritiert und rügte mich „Ruhe! Ruhe!... ich kann mich nicht konzentrieren!" Als er genug von meinem Futter bekommen hat, dürfte ich den Rest in der Toilette entsorgen. Am Ende des Treffens habe ich mir einen Scherz erlaubt. Ich sagte ihm, dass nach so einer wertvollen Mahlzeit, wird er bei der Arbeit besonders leistungsfähig sein. Er fand das jedoch nicht lustig, dass ich ihn nicht ernst genommen habe und sagte, dass er nicht mehr zu mir kommt. Ich habe ihn auch nicht nachgeweint...

Klaus

war auch ein Liebhaber der Exkremente, jedoch in einer leichteren Version. Er spielte nämlich nur mit den Fingern in meinen Popo. Er hat mich zu sich nach Hause bestellt und wir haben das in der Küche gemacht. Ich musste mich mit den Händen auf das Küchenblatt stützen und meinen nackten Hinten ihm gegenüber ausstrecken. Er steckte seinen Finger tief in meinen Popo rein und kramte drin herum. Dann hat er immer wieder einen kleinen Krümel der Fäzes herausgezogen und schluckte den mit Genuss runter. Mit der zweiten Hand hat er gleichzeitig seinen Penis gewichst, grunzend dabei ständig „Schatz... gib mir deine Wurst... Schatz bitte..." Ich habe ihm erzählt, dass ich heute schon eine Wurst abgelegt habe, aber nächstes Mal bekommt er eine von mir. Dann fragte er mich, wie hat diese Wurst ausgesehen und ob ich viel abgelegt. Je ekliger meine Antworten lauteten, desto geiler war er. Zum Schluss hat er auf meinen Popo abgespritzt...

Horst

hatte einen Spitzname Mülltonne. Diese Bezeichnung traf auf ihn völlig zu. Er wollte alles, was eine Frau ausscheiden kann, mit dem Mund auffangen oder auf seinem Körper spüren. Er brachte immer zwei, drei dünne Bockwürstchen mit und steckte sie zum Aufwärmen in meinen Popo rein. Während ich seinen schlappen Riemen wichste, musste ich pausenlos in seinen Mund spucken. Zwischendurch verzerrte er nach und nach, die in meinem Popo aufgewärmte Würstchen und hat auch meinen Urin gepichelt, den ich zuerst in einem Einwegbecher aufgefangen habe. Manchmal brachte er statt Würstchen eine dünne Tafelkerze, die er ebenso in meinen Popo reinsteckte und danach ableckte...

Ein piekfein aussehender Freier hat bei mir regelmäßig einen Service gebucht, das Kotzen auf seinen Körper enthielt. Er wünschte sich, dass das Erbrochene eine rosa Farbe bekommt. Dafür musste ich zuvor ein paar Gläser Rotwein trinken. Eine Rotweinflasche hat er mir mitgebracht. Ich durfte mir einen Wein auswählen, auf welchen ich Lust hatte, der Preis spielte für ihn keine Rolle. Ich habe ihn immer als meinen letzten Freier empfangen. Nach dem ich die Weinflasche schnell ausgetrunken habe, nahm ich ein Brechmittel ein. Er lag schon bereits auf den mit Folie ausgelegten Boden und spielte mit seinem Penis. Dann habe ich sein Gesicht und seine Brust vollgekotzt und er ist auch gekommen. Das war noch nicht das Ende des Ekels. Er wünschte sich, dass ich danach mit ihm noch zusammen unter die Dusche gehe und ihm helfe seinen versauten Körper abwaschen...

Ottfried Widerling

ist mir das erste Mal aufgefallen, als er die Mülltonnen im Flur des Laufhauses durchgewühlt hat und von einem Bordellaufpasser aus dem Laufhaus gejagt wurde. Ich bin mal mit ihm ins Gespräch gekommen und habe ihn gefragt, was er in der Mülltonne sucht. Er hat mir gesagt, dass er irgendwelche mit Sperma gefühlte Kondome finden möchte. Er erzählte mir, dass er auf Sperma junger Männer steht und kann seine Vorliebe nicht mehr ausleben, weil seine Stammhure, die ihn früher mit solchen Kondomen versorgt hat, ist nicht mehr da. Seine ehemalige Chica hat ihm immer wieder mehrere mit Sperma gefüllte Kondome zum Trinken und Auslutschen besorgt. Ich habe ihm angeboten, dass ich das für ihn auch tun könnte. Wir haben einen Termin vereinbart. Am Tag seines Besuches habe ich also ein paar solche Kondome aufbewahrt. Ich sammelte die Gummis am Rand eines Mülleimers. Sie stammen von den Freier, die drin eine ordentliche Ration geschossen haben. Ich habe den Inhalt der Kondome in seinen Mund nacheinander ausgedrückt, er hat das alles mit Genuss geschluckt. Ich erzählte ihm, dass die alle Kondome junge, prächtige Kerle vollgefüllt haben. Das entsprach natürlich nicht der Wahrheit. In Wirklichkeit stammt das Ejakulat von völlig zufälligen, vor allem älteren Männer. Ich glaube, er könnte den Unterschied gar nicht erkennen....

Johannes

ein klapperdürrer Rentner ist nur zu diesen Frauen gegangen, die ihn überzeugen konnten, dass sie immer zum Orgasmus kommen. Bevor er zu mir gekommen ist, fragte mich mehrmals, ob ich überhaupt fähig bin zu einem Höhepunkt zu kommen. Ich habe ihn versichert, dass ich sehr heiß bin und dass ich immer komme. Den Orgasmus habe ich natürlich vorgetäuscht und zwar so perfekt, dass er von mir total hingerissen war. Er besuchte mich jede Woche. Er wollte, dass ich möglichst schnell komme, weil das Bumsen für ihm wegen seines Alters anstrengend war. Eines Tages brachte er mich an meine Grenzen. Ich schrie im Bett laut wie immer:

„ Fick mich... fick mich mein Schatz... ich komme gleich!"

„ Come on baby... come on baby... come on baby... schrie er ebenso laut.

„Ja, ich komme gleich...!"

„Kommst du?!" schrie er lauter.

„ Ja!... Ich komme jetzt!" schrie ich noch lauter und dann noch wiedermal

„ Kommst du?

„ Ja, ich komme jetzt, jetzt! ... erwiderte ich lauthals

„Du muss kommen! ... ich kann nicht länger... es sticht mich im Rücken." schrie er richtig lautstark

„ Ja, ich komme jetzt!" grölte ich so laut, dass man mein Geschrei im ganzen Stock hörte. Erst dann hat er aufgehört mich weiter zu rammeln. Wie es sich später herausstellte, trug er ein Hörgerät, in dem gerade die Batterie ausgefallen war und er hat nichts von meinem Stöhnen und Schreien mitbekommen.

Franz

war ein netter, aber total naiver alter Opa. Er hat fest daran geglaubt, dass er mich noch zu einer sexuellen Ekstase bringen kann, die ich noch nie erlebt habe. Dabei war er nicht mal imstande mit seinem weichen Penis in meine Vagina einzudringen. Er hat auch gar nicht gemerkt, dass er nicht drin war. Er bumste mich zwischen meinen zusammengepressten Oberschenkeln, die ich vorher reichlich mit Babyöl eingeölt habe.

„Mit mir kommst du immer nee? Fragte er mich jedes Mal und betonte, wie wichtig ist es für ihm, dass ich auch meinen Spaß dabeihabe. Natürlich hat mir seine Naivität Spaß gemacht. Ich war sehr zufrieden mit ihm, weil er meine Muschi nicht kaputt machen konnte.

Simon

strahlte mit weißen Zähnen wie ein Hollywoodstar. Beim Sex hat mich der Anblick seines Gesichtes allerdings weniger entzückt. Er bewegte seinen Kopf hektisch und chaotisch in alle Richtungen und hat von sich extrem laute Geräusche herausgegeben, so etwa wie ein Gorilla „Hu…hu… hu!..“ Ich wollte mir diesen Anblick sparen. Ich habe meine Augen zugemacht und wartete, bis er fertig war. Als er gekommen war, habe ich meine Augen aufgeschlagen und völlig erstaunt gesehen, dass er im Mund keine Zähne mehr hat. Inzwischen hat er auch das gemerkt, dass ihm sein Gebiss fehlte. Er fing fieberhaft an, nach seinem Gebiss im Bett zu suchen. Ich habe ihm auch geholfen. Sein Gebiss habe ich erst nach ordentlicher Durchsucheng unter dem Heizkörper gefunden. Das Geschehen musste ihm äußerst peinlich gewesen sein, weil er nicht mehr zu mir gekommen ist.

Theo

war der skurrilste Freier, den ich je gehabt habe. Er kam zu mir am Sonntag, nach dem er zuerst eine Messe in der Kirche besucht hatte. Er war sehr gepflegt und schick angezogen. Ich habe bemerkt, dass er auf sein Äußeres sehr achtet. Zuerst habe ich aber gar nicht gemerkt, dass er einen Haarersatz getragen hat. Während er meine Muschi mit der Zunge verwöhnte, habe ich seinen Kopf angefasst und wollte in seinen Haaren und wollte mit den Fingern etwas fummeln. Das hat ihm überhaupt nicht gefallen. Er hat seinen Kopf rasch zur Seite abgewichen. Dann habe ich gesehen, dass ein Toupet auf seinem Kopf sich verschoben hat. Diese Panne hat ihn peinlich berührt. Er hat das Treffen sofort abgebrochen. Dumm gelaufen dachte ich, ich hatte womöglich einen guten Freier verloren. Nun, hat er mich beim Ausgehen völlig überrascht. Er drückte mir in die Hand zusätzlich fünfzig Euro und sagte:

„Das ist Schweigegeld! Du solltest niemandem erzählen, was du heute gesehen hast!"

Ich war ziemlich verwirrt, weil ich nicht wusste, was er damit genau meinte. Dann sagte er mir, ich sollte keiner Frau im Bordell erzählen, dass er keine Haare mehr hat. Das Skurrilste kam aber noch später. Er ist noch einige male zu mir gekommen und hat mir das gleiche Schweigegeld bezahlt. Er hat mir das Geld übergeben und ist rasch verschwunden. Ich habe das geschenkte Geld natürlich jedes Mal angenommen. Allerdings habe ich es nie begriffen, warum sein Toupet so strenge Geheimnis bleiben sollte.

Leicht verdientes Geld habe ich einmal auch einem völlig zufälligen Freier verdankt, der mich eigentlich gar nicht besuchen wollte. Es war Mittagszeit, als plötzlich ein Freier wie ein Tornado in mein Zimmer reingerannt ist und die Tür sofort zumachte. Er hat mich mit dieser Action total erschreckt.

„Ich muss bei dir bleiben! Ich zahle dir deine Zeit, möchte aber mit dir nichts machen" stammelte er sehr aufgeregt. Ich habe ihn völlig baff angeschaut. Dann sagte er mir, dass er gerade im Treppenhaus seinen Mitarbeiter gesehen hat und wollte unbedingt vermeiden, dass sein Mitarbeiter ihn im Bordell begegnet. Ich sollte ihn also von einem potentiellen beruflichen Desaster retten. Ich habe gleich unseren Aufpasser angerufen und ihn gebeten, auf den Kameras zu beobachten, wann der von meinem Gast beschriebene Mann das Laufhaus verlässt. Nach etwa halber Stunde kam aus der Kantine Entwarnung. Sein Mitarbeiter hat das Haus verlassen. Der Pechvogel konnte auch gehen, allerdings ohne Sex am diesen Tag zu haben. Seine Pause war vorbei.

Bruno

Manchmal habe ich mir selbst geholfen, das Geld leichter zu verdienen. Bruno buchte mich für die ganze Nacht und zahlte mir dafür mehr, als mein Vater in einem Monat verdient hat. Ich musste mit ihm jedes Mal mindestens zwölf Stunden verbringen. Wir gingen zuerst in ein Restaurant und danach in sein Hotelzimmer. Im Hotelzimmer hat er von mir erwartet, dass ich mich mit ihm weite Stunden intensiv beschäftige. Ich hatte aber keine Lust die ganze Nacht rundum ihn zu fummeln. Ich wollte auch etwas schlafen. Für die lästige Freier hatte ich eine Lösung, nämlich die K:O Tropfen. Im Klub hatte man nichts dagegen, wenn eine Frau im Escort einen lästigen Freier neutralisierte. Man musste nur aufpassen, dass der Schwindel nicht ausfliegt. Ich habe die K:O Tropfen meinem Freier natürlich unauffällig untergejubelt. Er hat danach sanft eingeschlafen und ich hatte den Rest der Nacht Ruhe. Morgen, als er wach war, hat sich bei mir dafür entschuldigt, dass er nicht in guter Form war…

Ferdinand

gehörte zu meinen bestzahlenden Freiern, Nun leider nicht lange. Er buchte mich immer für mehrere Stunden. Eines Abends lag er gemütlich in meinem Bett und ließt sich wie immer nach einem anstrengenden Tag schön verwöhnen. Plötzlich haben wir einen lauten Trubel im Treppenhaus gehört und ein gewaltiges Hauen mit den Fäusten gegen die Tür. „Polizei! … Polizei! Aufmachen!" ein lautes Gebrüll war im ganzem Laufhaus zu hören. Mir ist nicht übriggeblieben, als das Treffen mit Ferdinand sofort unterbrechen. Es hat wiedermal eine polizeiliche Razzia im Laufhaus stattgefunden. Ferdinand fühlte sich, wie von einem Schlag getroffen. Er hat sich blitzschnell angezogen und wollte mein Zimmer nur schnell verlassen. Nach kurzem Personalcheck durfte er gehen. Später, als die Razzia vorbei war, habe ich gemerkt, dass Ferdinand seine sündhaft teurere Uhr bei mir im Zimmer dagelassen hat. Ich war fest davon überzeugt, dass er bald wieder kommt, mindestens seine Uhr abzuholen. Dennoch sind Tagen, Wochen und Monaten vergangen, er ließ sich im Bordell nicht mehr blicken. Diese Uhr habe ich danach meinem Bruder zu Weihnachten geschenkt.

Gauner

Übrigens, es ist auch mir passiert, dass ich einen Verlust durch einen Gauner einbüßen musste. Ein junger Mann hat bei mir einen Standardservice gebucht, der fünfzig Euro kostete und hat mit einem hundert Euroschein bezahlt. Ich habe ihm fünfzig Euro Restgeld ausgegeben. Er sagte mir, dass er eilig hat und es sollte schnell gehen. Ich war froh, dass ich schnell und leicht Geld verdient habe. Nun hielt meine Freunde nicht lange. Als ich nach dem Feierabend mit diesem hundert Euroschein die Tagesmiete bezahlen wollte, hat es sich herausgestellt, dass es ein gefälschtes Geld war. Ich wollte natürlich keinen Verlust erleiden. Als ich nächstes Mal nach Polen gefahren war, habe ich mit diesem falschen Schein meine Taxifahrt bezahlt. Ich habe dem Taxifahrer gesagt, dass ich gerade aus dem Ausland eingereist bin und keine Zloty dabeihabe. Der Taxifahrer hat den Schein ohne Probleme angenommen und hat mir noch den Rest in Zloty ausgegeben. Ich vermute, dass der Taxifahrer nachher mit dem falschen Geld genauso das gemacht hat, was ich gemacht habe, nämlich weitergegeben hat, womöglich einer Ukrainerin in Bordell.

Willi

ein netter Opa besuchte mich regelmäßig seit mehreren Jahren. Plötzlich kam er nicht mehr. Nachdem er sich mehreren Monaten nicht blicken ließ, habe ich ihn fast vergessen. Dann eines Tages kam er wieder zu mir. Ich habe ihn natürlich nach dem Grund seines Fernbleibens gefragt. Er erzählte mir ganz aufgeregt, dass es nach seinem letzten Besuch bei mir, einen großen Krach zu Hause gab. Seine Frau hat ihn auf der frischen Tat ertappt, dass er fremdgeht. Besser gesagt, er hat den Beweis für sein Fremdgehen dummerweise selbst nach Hause gebracht. Er hat nämlich vergessen, bei mir im Zimmer das Kondom abzuziehen. Seine Frau hat dieses Kondom später im Wäschekorb gefunden. Nach diesem Vorfall habe ich später selbst das Kondom von seinem Penis entsorgt. So eine Panne dürfte ihm ein zweites Mal nicht passieren.

Jupp

Ein anderer Opa war bei mir schon mindesten zwanzig Mal und jedes Mal hat mich gefragt, ob ich im Laufhaus neu wäre, weil er mich noch nicht im Bordell gesehen hat. Und jedes Mal sagte er:

„Heute gehe ich zu dir! Na, schauen wir mal, was du zum Anbieten hast!".

Ich habe mir ihn dagegen seht gut gemerkt, weil er zu meinen besten Freiern gehörte. Ich musste ihn nämlich gar nichts anbieten. Sein Besuch bei mir verlief immer nach gleichem Ritus und war blitzschnell vorbei. Er zog sich auch und bat mich seinen Penis im Waschbecken zu waschen. Nun, kaum ich sein Glied berührt habe, schmolz er schon darin und spritzte im Waschbecken ab.

Alfons

war schon über neunzig Jahre alt und besuchte immer noch die Huren auf. Er lebte im Altersheim und von dort aus fuhr er mit Taxi ins Bordell. Beim ersten Mal habe ich mir Gedanken gemacht, ob ich ihn reinlassen soll. Ich befürchtete, er könnte eine starke sexuelle Erregung nicht überleben. Ich habe ihm vorgeschlagen, dass er nur zugucken, anfassen und meine Muschi lecken darf. Er war erfreut, mehr wollte und konnte er sowieso nicht tun. Er kniete von dem Bett und ich lag auf dem Bett mit breit gespreizten Beinen. Er hat die ganze Pracht meiner Muschi zu Gesicht bekommen. Er hat meine Vagina happig geleckt, dabei hat er sehr laut geschmatzt und furchtbar gesabbelt. Nach einer Viertelstunde war meine Muschi von seinem Sabbel total nass. Er hat das so leidenschaftlich gemacht, dass ich nach der abgelaufenen Zeit seinen Kopf von meiner Muschi nur mühsam trennen konnte.

Rudi

litt an Störungen der Bewegungskoordination. Wegen seines breitbeinigen und schleppenden Ganges haben ihn die Frauen für einen besoffen Penner gehalten und wiesen ihn ab. Eines Tages hat er mich schüchtern gefragt, ob er zu mir reinkommen dürfte. Nachdem ich mich vergewissert hate, dass er nicht besoffen war, ließ ich ihn zu mir reinkommen. Er erzählte mir, dass er schwer krank sei. Ich wollte ihn wegen seiner Krankheit nicht ablehnen. Seine Besuche waren allerdings für mich anstrengend. Er versuchte mich im Stehen von hinten bumsen. Das klappte jedoch nicht besonders gut, da er sich nicht im Balance halten konnte und hatte stets Haltungsstörungen. Dazu hat er mich chaotisch angefasst, war alles anderes als angenehm war. Als er endlich zum Orgasmus kam, war er total ausgepowert. Er hat mich um ein Glas Wasser gebetet. Ich habe ihm das Glas gegeben. Einen Augenblick später ließ er dies runterfallen. Das Glas ist zerbrochen, auf dem Boden lagen überall Glasscherben und er wackelte hektisch hin und her darüber. Ich habe Angst bekommen, dass er seine nackten Füße verletzen könnte. Ich habe ihn aufgefordert ins Bad zu gehen und dortbleiben, bis ich die Scherben beseitige. Bei den nächsten Besuchen hatte ich für ihn ein Getränk in einer Dose parat gehabt.

Marek

war mein erster und letzter besoffener Freier, den ich in mein Zimmer reingelassen habe. Ich habe zuerst nicht so richtig eingeschätzt, dass er aus der Rolle gefallen war. Er hat mir das Geld an der Tür übergeben und schmiss sich gleich auf das Bett, so wie er stand. Er sagte noch zu mir: „Maus! Holt mir geil einen runter!"
Ich habe angefangen seinen Penis zu wichsen. Plötzlich hat er einen starken Schlucklauf bekommen, drehte sich um und kotzte direkt auf meine Schuhe, die vor dem Bett lagen. Als ich meine sündhaft teuren Schuhe vollgekotzt gesehen habe, wurde ich außer mich vor Wut. Die Schuhe konnte ich

nur in den Müll entsorgen. Völlig aufgebracht wollte ich ihn aus meinem Zimmer rausschmeißen. Nun, ist er zur meinen noch größerer Empörung sanft danach eingeschlafen. Meine Bemühungen, ihn wach zu kriegen, sind gescheitert. Er der Bordellaufpasser hat es geschafft, ihn aus meinem Zimmer rausschmeißen.

Max

Eine Panne mit Erbrechen ist allerdings auch mir beim Oralsex passiert. Für Max war mein Blasen ein Traum vom Feinsten. Er ließ sich von mir auf diese Weise manchmal stundenlag verwöhnen. Ich habe ihn auch mit Vergnügen verwöhnt. Einmal passierte es, dass er mit seinem harten Penis an meine Zöpfchen ungewollt heftiger gestoßen hat. Dieser Stoß hat bei mir einen Brechreiz aufgelöst. Ich konnte den nicht mehr unterdrücken und habe mich auf seinen Penis und Bauch übergeben. Diese Panne war mir natürlich extrem unangenehm. Zum Glück hat er das mit Humor genommen und sagte, dass man auch mit den Pannen beim Sex halt leben muss. Nach Abwaschen seines Körpers machte ich weiter.

Alois

gehörte zu den anstrengenden Freiern, Er hatte ein Gewicht von mehr als hundertfünfzig Kilo. Ich habe ihn schon im Treppenhaus gehört, wenn er sich auf dem Weg zu mir befand. Er hat sehr laut gehechelt, das Treppensteigern hat ihm den Atem geraubt. Als er mein Zimmer erreicht hat, war er schon total erschöpft. Der Schweiß floss im Strömen auf seinem Körper herunter. Ich habe mit Missbehagen angeschaut, wie er sich auszieht. Seine Oberkleidung, sein Slip, fast so groß wie ein Zelt, waren total nass. Bevor er sich auf dem Bett legte, musste ich den Schweiß von seinem Gesicht und dem Körper mit Papiertüchern abtupfen. Seinen intimen Bereich am Waschbecken waschen war technisch nicht möglich, weil seine mächtige Wampe im Wege stand. Ich konnte seinen Schritt nur mit feuchten Tüchern säubern. Danach versuchte ich unter mehreren Schichten der Fettgewebe seinen Penis zu finden. Sein Penis ragte vom Ansatz höchstens drei Zentimeter heraus. Ich konnte seinen Stöpsel nur mit zwei Fingern abfassen und lediglich bis zum Schluss wichsen. Im Bett schnaufte er permanent leidig nach Luft. Nach der Ejakulation lag er noch eine Weile völlig erschöpft. Danach versuchte er aufstehen, schaffte es aber nicht, aus eigener Kraft sich hoch zu heben. Ich versuchte ihm zu helfen. Minutenlang habe ich mit seinem Gewicht gerungen und habe ich ebenso nicht geschafft ihn hochzuheben. Ich musste den Wirtschafter um die Hilfe bitten. Erst zu zweit haben wir ihn aus dem Bett geholt. Ich musste ihm auch helfen sich anzuziehen und seine Schuhe schnüren. Pflegerische Tätigkeiten bei den Freiern gehörten mal auch zu meinen Aufgaben.

Ludwig

nannte ich Quickie Opa, weil sein Besuch bei mir immer kurz dauerte. Er war nach drei, vier Minuten schon fertig. Eines Tages sagte er ernst zu mir:

„Wenn ich nächstes Mal zu dir komme, ficke ich dich ordentlich und lange durch…"

Eine Woche später ist er wie gewöhnlich um die gleiche

Uhrzeit bei mir erschienen. Ich war gerade besetzt, er klopfte ungeduldig an die Tür und fragte, wie lange wird es noch dauern. Ich war überrascht, weil er früher nie so gemacht hat. Er hat immer so lange gewartet, bis ich wieder frei war. Als ich die Tür endlich geöffnet habe, rannte er sofort in mein Zimmer rein. Er hat sich rasch ausgezogen und stand mit einem Ständer vor mir. Ich wusste sofort Bescheid, er musste ein Potenzmittel eingenommen haben. Er hat mich gedrängt, sofort zur Sache zu gehen. Ich habe mich auf dem Bett gelegt, er drang in mich schwungvoll ein und rammelte wie besessen. Das hat mich irritiert und ich versuchte ihn ausbremsen:

„Opa, mach bitte langsam!

Er hat jedoch unbeeindruckt weiter gerammelt. Ich habe für eine Weile die Augen zugemacht und plötzlich spürte ich auf meinem Gesicht und den Brüsten warte Tropfen. Als ich die Augen wieder geöffnet habe, erschrak ich mich fürchterlich. Aus seiner Nase tropfte heftig Blut. Sein Gesicht und seine Augen waren gerötet. Er hat sich ebenso erschreckt und hörte auf, mich zu rammeln. Er hat starken Kopfschmerzen bekommen und es wurde ihm schwindelig. Ich habe versucht die Blutung aus seiner Nase mit nassem Handtuch zu stoppen. Nach einer Viertelstunde hörte die Blutung endlich auf. Er hat meine Vermutung bestätigt. Er hat ein Potenzmittel eingenommen, ohne sich mit dem Arzt zu konsultieren. Er hat mich nach diesem Vorfall weiterhin besucht, hat aber den sexuellen Helden nicht mehr gespielt.

Mario

nannte ich Drakula, weil er wörtlich ein Liebhaber blutiger

Abendteuer war. Als er mir seine sexuelle Fantasie das erste Mal offenbart hat, war ich ziemlich überfordert. Er wollte nämlich, dass ich ihm ab und zu eine gebrauchte Damenbinde besorge. Ich fand es echt peinlich, meine Intimität so zur Schau zu stellen. Schließlich wurde, wie auch immer das Geld der Überzeugungsfaktor. Ich bin seinem Wunsch nachgegangen. Ich musste ihn also in meinen Menstruationszyklus einweichen. Er war allerdings der einzige Freier, der über meine Periode Bescheid wusste. Er besuchte mich also dann, wenn ich meine Regel hatte. Ich habe normalerweise Tampons verwendet, für ihn habe ich jedoch in der Nacht vor seinem Besuch eine dicke Binde eingesetzt. Die gebrauchte Binde habe ich dann Morgen in die Frischhalterfolie eingepackt und ins Bordell mitgenommen. Er hat die Binde minutenlang mit Genus beschnuppert und zum Schluss darauf ejakuliert. Danach konnte diese Binde endgültig entsorgen.

Der Lange

Ein unangenehmes, blutiges Abendteuer erlebte ich mit meinem Lieblingsfreier des Spitznamens Lange. Diesen Spitznamen verdankte er nicht nur seiner imposanten Größe, sondern auch der Länge seines Penis. Einstmals hat er mich während meiner Periode besucht. Ich musste natürlich auch arbeiten, wenn mir meine Tage in Quere kamen. Während meiner Unpässlichkeit verwendete ich Softtampons, die in der Vagina bis die Gebärmutter herein reichten. Die Freier haben die so tiefplatzierte Tampons nicht gespürt. Die Softtampons konnte ich nachher immer problemlos herausnehmen. Nun hat der Lange mich einmal so ordentlich gerammelt und den Tampon mit seinem Penis so tief geschoben, dass ich den nachher mit den Fingern nicht mehr herausnehmen konnte. Ich habe es versucht unter Dusche das Wasser in meine Vagina einfließen lassen. Ich hoffte, der Tampon wird sich mit Wasser vollsaugen und leicht rausrutschen. Das alles hat leider nichts geholfen. Der Tampon blieb drin unberührt. Mir ist dann nichts übriggeblieben, als zu meinem Doktor zu eilen. Er hat das inzwischen schon stark stinkendes Zeug herausgeholt.

Louis

Ich war gerade seit ein paar Wochen im Laufhaus und kannte ich Louis noch nicht. Als er im Flur erschienen war, schrien plötzlich alle Frauen: „Pferdi! ..Pferdi! und machten rasch die Tür ihrer Zimmern zu. Ich habe überhaupt nicht gecheckt, warum ihn bloß keine Frau haben wollte. Er hat gut ausgesehen und machte einen netten Eindruck. Da ich im Flur alleine geblieben war, steuerte er direkt auf mich zu und fragte, ob ich mit ihm eine Stunde machen würde. Ich habe zugestimmt. Kaum ist er in mein Zimmer reingekommen, war seine Erregung in der Hose schon sichtbar. Ich habe seinen Schritt angefasst und bin fast umgehauen. Sein Penis war riesig und dick wie eine Weinflasche. Sein imposanter Penis war nicht die einzige ungemeine Überraschung. Er brachte nämlich auch eine große Standuhr, die er auf dem Nachttisch neben dem Bett stellte. Er sagte mir, dass er diese Uhr immer dabeihat, weil die Huren ihn schon öfters um die Zeit geprellt haben. Er brachte auch eigenen Handtuch und extra große Kondome, weil die gewöhnlich nur bis die hälfte seines Penis reichten.

Auf Blasen hat er verzichtet, dies wäre aufgrund der Größe seines Penis auch kaum möglich. Er forderte viel Muschi Diesel (Gleitgel) auf meine Muschi aufzutragen. Dann ging es los. Er hat mich fest an die Hüfte angepackt und rammelte mich pausenlos was das Zeug hält. Dabei grunzte er stets laut:

„Oh! Das klatscht so geil.. lass dich ordentlich ficken…du bist so stoßfest.. du geiles Stück!"

Zwischendurch verlangte er immer wieder den Positionswechsel. Er schwitzte die ganze Zeit wie ein Wasserfall und trocknete sich mit dem mitgebrachten Handtuch ab. Er hatte ein Durchhaltensvermögen so etwa, wie der berüchtigte Rasputin. Die ganze Stunde war für mich eine einzige Qual. Exakt in der letzten Minute hat er ejakuliert und sagte stolz

„Ich habe halt alles Mögliche gegeben!"

Ich hätte auf seine Bemühungen gerne verzichtet, da ich nach dieser Stunde total ausgepowert war und mir wurde schwindlig. Ich war auch total nass von seinen Schweißtropfen, die auf mein Gesicht und Körper im Strömen fielen. Ich brauchte nachher eine längere Pause, um mich zu erholen und mein Zimmer wieder in die Ordnung zu bringen. Später, wenn ich Louis im Flur gesehen habe, hatte ich auch die Tür meines Zimmers zugemacht. So eine sexuelle Folter wollte ich ein zweites Mal nicht erleben.

Thomas

Vergewisserte sich, dass ich gut Deutsch spreche. Das war nicht ungewöhnlich, dass die Freier mich nach guter

Sprachkenntnis gefragt haben. Wenn die Freier ausgefallene Sexfantasien hatten, wollte sie gut verstanden werden. Nun hat er mich gefragt, ob ich auch auf Deutsch schimpfen kann und zwar richtig ordinär. Konnte ich, ich habe schon die Freier unzählige Male verbal vulgär behandelt. Diesmal ging es nicht um ihn. Er zeigte mir ein Foto, auf dem eine Frau abgebildet war. Er wünschte sich, dass ich diese Frau aufgrund ihres Aussehens beschimpfe. Dann legte er das Foto auf dem Bett und ich fing an:

„Diese dreckige Olle frisst wie ein Schwein…sie hat sich zur sau gemästet…wie kannst du sie noch ficken…" Je lauter und ordinärer ich geschmäht habe, desto schneller wichste er seinen Penis. Zum Schluss forderte er mich auf, auf das Foto zu spucken. Ich habe mehrmals drauf gespuckt und er hat auch drauf abgespritzt. Danach hat er diese beschmutzte Fotografie in ein Taschentuch eingepackt und nahm sie nach Hause. Er hat mich

noch ein paar Mal besucht, immer für das gleiche Spiel. Ein paar Monaten später habe ich ihn in einem Restaurant begegnet und bin fast umgefallen. Er saß am Tisch mit der auf dem Foto abgebildeten Frau, die Beiden wirkten sehr innig mit einander verbunden zu sein. Er hat mich auch gesehen. Natürlich ließ ich es nicht anmerken, dass ich ihn und auch seine Begleiterin kenne. Ich fühlte mich jedoch sehr unwohl, dass ich die Frau, die ich so dreist beschimpfte, persönlich begegnet habe. Seit diesem deprimierten Treffen kam Thomas nicht mehr zu mir...

Silvio
kam zu mir mit einer Stofftasche voller pornografischen

82

Zeitschriften. Er hat behauptet, dass er nicht lesen könne, wollte aber wissen, was da in den Zeitschriften drinsteht. Ich sollte ihm also in der gebuchten Stunde die Beschreibungen und Texte unten den Bildern in diesen Pornoheften vorlesen. Das, was er gehört hat, hat ihn geil gemacht. Während ich gelesen habe, hat er sich einen runter geholt....

Walter

kannte ich im Laufhaus vom Sehen her schon ewig. Er stand im Flur manchmal minutenlang und starrte mich pausenlos an. Ich habe geahnt, dass er irgendeinen unkonventionellen Wunsch haben musste und traute sich nicht den aussprechen. Erst, als ich ihn angesprochen habe, und fragte ob ich ihm helfen kann, kam er zu mir. Er hat mich fast flüsternd in das Ohr gefragt, ob ich damit einverstanden wäre, wenn er auf mein Gesicht eine Gesichtsabbildung einer anderen Frau drauflegen würde, während er mit mir Sex macht. Er zeigte mir ein Foto eines weltberühmten Models. Das Gesicht des Models war in natürlicher Größe. Er hat das aus einem Poster ausgeschnitten. Während des Poppens hat er mich auch mit dem Namen dieses Models genannt. Er hat mich unzählige Male besucht und jedes Mal brachte ein Foto einer anderen Frau. Mal war das ein Models, mal eine Schauspielerin. Er hat fantasiert, dass er Sex nicht mit mir, sondern mit den berühmten Frauen hätte...

Reiner

Ich habe immer gedacht, dass ein Billardstock zum

Billardspiel dient...bis ich Reiner besuchte. Er hat mich zu sich nach Hause für einen langen Abend bestellt. Er hat mich gefragt, ob ich Billard spielen kann. Ich habe Billard noch nie gespielt. Dann sagte er ironisch, dass er mir die Regel des Spieles gleich beibringen wird. Er hat sich ausgezogen und ist nackig auf den Billardtisch geklettert. Er setzte sich in der Ecke mit breit gespreizten Beinen und sagte zu mir:

„Mäuschen, du muss die Kugel mit dem Stock in Richtung meiner Eier mit voller Pulle schießen!"

Ich griff die erste Kugel und ballerte sie fest in seinen Schritt. „ Auuuu!" heulte er laut wie eine Sirene und forderte mich gleich, die weiteren Kugeln zu schießen. Ich habe die alle fünfzehn Kugel nacheinander zwischen seine Beine geschossen. Nach jedem Prall hat er schrillend vom Schmerz geheult. Das war noch nicht alles, er drehte sich danach um, streckte seinen Hintern mir gegenüber und verlangte, dass ich die Spitze des Billardstocks, so tief, wie möglich in seinen Anus schiebe und ihn mit diesem Stock bumse, während er sich wichst. Nach diesem Besuch ist mir Lust auf Billardspielen für immer vergangen...

Anton

fragte mich, ob er ihm zeigen würde, wie ich mich selbst befriedige. Ich habe zugestimmt, weil ich schon mehrmals solche Show von den Freiern geliefert habe. Nun sagte er, dass er eher auf eine ökologische Selbstbefriedigung steht und zeigte er mir eine Tüte mit Möhren, die er vom Wochenmarkt brachte.

„Suche dir zwei, drei dickste Möhren aus!" sagte er. Ich

habe die ausgewählte Möhre gründlich gewaschen und habe ihm gezeigt, wie ich mich ökologisch selbst zur Ekstase bringe. Nach der Show wollte ich die Möhren in den Müll entsorgen, er hat das jedoch verhindert.

„Ne, ne... Lebensmittel schmeiß man nicht so einfach weg... ich nehme die Möhren, die jetzt nach deiner Muschi schmecken nach Hause und koche eine Suppe daraus!" sagte er. Bei nächsten Besuchen experimentierte er mit verschieden Gemüse, mal war das eine Gurke, mal kleine Zucchini. Jedes Mal hat er mir erzählt, dass er das Gemüse nachher verzerrt hat, zusammen mit seiner Frau. Solange er keine dicke Rübe brachte, war ich bereit, mich ökologisch zu onanieren....

Erich

gab sich bei mir als Künstler aus. Er war optisch ein ziemlich ausgefallener Typ. Er hatte sehr lange Haare, trug immer einem langen, schwarzen Ledermantel und Cowboy Stiefel. Er hat mich beim ersten Mal in Staunen versetzt. Er hat sich zuerst nackig gemacht, dann zog er auf den nackten Körper wieder den Mantel und die Stiefel an und so packte sich ins Bett. Er bestand darauf, das alles beim Sex anzuhaben, sonst würde er nicht kommen können. Er besuchte mich vom Herbst bis Frühling, also nur dann, wenn man gewöhnlich Mänteln und Stiefel trägt. Er kam so gut wie nie im Sommer. Im Sommer könnte er seiner Partnerin schlecht erklären, warum er bei Temperaturen plus fünfundzwanzig Grad einen Mantel bräuchte. Einmal hat er mich doch im Sommer besucht. Seine Partnerin war verreist, er packte den Mantel und die Stiefel er in eine

Reisetasche ein und kam damit zu mir.

George

fragte mich nach meiner Schuhgröße. Das wunderte mich nicht. Es kam schon mal vor, dass manche Schuhfetischisten mir verschiedene Schuhen geschenkt haben. Ein paar Tagen später ist er bei mir mit einem riesigen Karton erschienen. Als ich den Karton eröffnet habe, war ich völlig verblüfft. Drin befanden sich neue Schlittschuhe. Ups! Einen Schlittschuh Fetischist hatte ich noch nie gehabt. Dann hat er mir erklärt, was er damit vorhat. Ich sollte nämlich mit den Schlitten auf seine Handfläche treten und ihm ein unerträgliches Leiden bereiten! Er sagte mir sehr ernsthaft, dass er ein Messias sei und jetzt ist die Zeit gekommen, für die Sünden der Menschheit leiden zu müssen, so, wie der Christus auch gelitten hat. Ich sollte ihm also helfen, seine Mission zu erfüllen. Er legte sich auf dem Boden, so ungefähr, wie der Christus auf dem Kreuz und forderte mich auf, mit den Schlittschuhen auf eine Handfläche drauftreten und dann gleich auf die zweite. Ich habe sehr vorsichtig auf eine Handfläche draufgetreten und habe es gesehen, wie sein Gesicht sich vom Schmerzen verzerrte. Dann fing es an, einen lateinischen, religiösen Text pathetisch zu leiern und versank völlig in seine leidende Rolle. Zum Schluss wichste er mit der malträtierten Hand seinen Penis. Je intensiver er den Penis gewichst hat, desto pathetischer und lauter trug er seine Texte vor. Beim Abspritzen rief er lauthals „Pater, vergib mir!" und lag eine Weile reglos auf dem Boden simulierend seinen Tod. Als er wieder zu sich kam, lobte mich für die gut gemachte Arbeit...

Bob

war ein langjähriger, geschätzter Kunde des Klubs. Er kam nie zu uns, sondern orderte eine Frau zu sich nach Hause, immer für mehrere Stunden. Er hatte Vorliebe für Fesselspiele, wobei er der gefesselte war. Zum Einsatz kamen immer Handschellen und Fußfesseln. Gefesselt wurde er am Heizkörper in seinem Wohnzimmer. Ich habe ihn auch schon einige Male besucht. Einmal buchte er mich nur für eine Stunde, es sollte ausnahmsweise ein kurzes Spiel stattfinden. Er hatte wenig Zeit gehabt. Ich bin zu ihm gefahren und wir sind sofort zur Sache gegangen. Ich habe ihn an den Heizkörper angekettet und wollte den Schlüssel von Fußfesseln auf den Tisch ablegen. Der Schlüssel ist mir aber auf den Fußboden gefallen und ich trat auf den unbedacht mit meinem Stöckelschuh. Ich habe es nicht gemerkt, dass ich den Schlüssel mit dem Absatz leicht verbogen habe. Als die gebuchte Stunde vorbei war, wollte ich ihn befreien. Nun, der Schlüssel klemmte im Schloss der Fußfessel und ließ sich nicht drehen. Bob wurde ungeduldig und fragte mich, warum es so lange dauert. Ich sagte ihm, dass es ein kleines Problem mit dem Schlüssel gibt und ich kann ihn nicht befreien. Er ist vor Wut ausgeflippt und wurde laut:

„Dann geh doch in die Garage und hol eine Kneifzange!"

Bis ich in der Garage die Kneifzange gefunden habe, dauerte es eine Weile. Als ich auf dem Rückweg ins Zimmer war, habe ich plötzlich gehört, dass ein Auto in den

Hinterhof reinfährt. Ich habe nur gehört, wie Bob völlig verzweifelt schrie:

„Scheiße! Meine Frau ist da!" Ich habe weiche Knie bekommen und habe im Nu meine Handtasche gegriffen und bin fluchtartig aus dem Haus auf die Straße weggerannt. Ich habe es nicht mitbekommen, ob seine Frau mich gesehen hat. Zum Glück hat mein Fahrer auf mich ein paar Häuser weiter gewartet. Ich wollte mir das gar nicht vorstellen, wie seine Frau reagiert hat, als sie ihn am Heizkörper gefesselt gesehen hat und vor allem die zahlreichen herumliegenden Dildos und das krasse Sexspielzeug. Ich habe es auch nie erfahren, was sich danach in seinem Haus abgespielt hat. Das war mein letzter Besuch bei ihm. Bob hat den Kontakt mit unserem Klub schlagartig abgebrochen...

Zu den Stammkunden des Klubs gehörte ein bekannter hessischer Politiker. Er wurde im Klub als VIP behandelt. Er wohnte in einem noblen Ort in der Nähe von Frankfurt. Sein Verhalten Frauen gegenüber war allerdings weniger nobel. Er hat die Frauen arrogant und abwertend behandelt. Er hat zu sich nach Hause immer drei Mädels geordnet, geblieben ist aber nur eine bei ihm. Einmal bin ich auch mit zwei anderen Frauen zu ihm gefahren. Unser Chef hat uns zu ihm persönlich gebracht. Ein paar Straßen von seinem Haus hat er das Auto angehalten. Wir mussten uns auf den Autositzen flachlegen und er hat uns mit einer Wolldecke bedeckt. Von außen betrachtet, hat es so ausgesehen, als ob im Auto sich nur der Fahrer befinden hätte. Dann ist er mit uns direkt in seine Garage reingefahren, wo der Politiker auf uns schon gewartet hat. Wir sind aus dem Auto ausgestiegen und haben uns vor ihm zur Schau gestellt. Er hat mich ausgewählt. Für die zwei abgewiesene Frauen war es natürlich sehr unangenehmen. Sie müssten dann mit dem Chef zurück in den Klub fahren, ohne Geld zu verdienen. Ich bin bei ihm zwei Stunden geblieben und das waren zwei Stunden schwerer Maloche rundum seinen schlappen Penis. Er hat mir nicht mal ein Glas Wasser angeboten, obwohl er selbst zwischendurch reichlich Wein getrunken hat. Ich habe mich über ihn beim Chef beschwert. Der Chef sagte, er weiß, dass dieser Typ ein Arschloch ist, nichtsdestotrotz muss er ein gutes Verhältnis zu ihm pflegen. Es war für ihn einfach vorteilhaft, einen einflussreichen Politiker zu kennen...

Genauso mit weniger Begeisterung bin ich auch zu einem puterroten Metzger gefahren. Er hat jeden Samstag nach dem Feierabend eine Frau zu sich in die Metzgerei bestellt. Allerdings wollte keine Frau freiwillig zu ihm fahren. Unser Chef hat es eingeordnet, dass jede Woche eine andere Frau, der Reihe nach ihn besuchen wird. Er war eigentlich ein netter Typ, aber Sex mit ihm habe ich unwillig gemacht. Mein Unmut war damit gerechtfertigt, dass ich mit ihm immer in einem Raum treiben musste, in dem sich kein einziges Möbelstück befand, sondern nur eine gefliste Bank. Auf dieser kühlen Bank musste ich mit ihm kopulieren. Es ist mir immer durch meinen Rücken und Popo eisige Kälte gezogen, ich spürte diese Kälte noch mehrere Stunden danach...

Holger

Im Klub haben wir die Freier grundsätzlich während der Öffnungszeiten empfangen. Es gab aber auch Ausnahmen. Manche Stammkunden, die während der Öffnungszeiten nicht vorbeikommen konnten, dürfen uns nach vorheriger Vereinbarung auch in einem anderen Zeitraum besuchen. Es war ein ruhiger Vormittag an einem Sonntag. Ich habe niemanden erwartet, weil niemand sich bei mir gemeldet hat. Deshalb habe ich mich mit der Pflege meines Körpers beschäftigt. Ich habe gerade Farbe im Haar aufgetragen, als jemand an die Tür klingelte. Die Putzfrau machte die Tür auf und schrie. „Kinga! ein Kunde will zu dir!" Ich bin zu ihm im Bademantel entgegengegangen und versuchte mich entschuldigen:

„Oh, nein! jetzt geht es gar nicht!" Er sagte aber, dass er später nicht vorbeikommen kann und bestand darauf, dass ich ihn empfange. Die Farbe auf meinem Kopf hätte ihm gar nicht gestört. Dann habe ich ihn reingelassen. Er hat mich im Stehen von hinten genommen. Nach einer Viertelstunde war er fertig. Ich konnte die Farbe von Haaren noch rechtzeitig auswaschen...

Lukas

war ein rabiater Fußfetischist und mein absolut Lieblingskunde. Dank ihm habe ich auch die angenehme Seite des Fetischismus erlebt. Er massierte meine Füße liebevoll, streichelte sie zärtlich und leckte an die Zehen herum. Das war für mich ein schönes, entspannendes Erlebnis. Eines Tages fragte er mich, ob ich mit ihm eine Session draußen machen würde. Es würde ihn sehr reizen, meine Füße in der Öffentlichkeit verwöhnen zu dürfen. Ich war zuerst unsicher, ob das eine gute Idee ist. Er versicherte mich jedoch, dass er mich in der Öffentlichkeit nicht bloßstellen wird. Ich sollte mit ihm in den Park gehen und als Joggerin auftreten. Wir trafen uns also am verabredeten Ort und sind als Jogger getarnt ein Stück zusammengelaufen. Dann haben wir uns auf eine Sitzbank gesetzt. Er hat meine Laufschuhe ausgezogen, legte meinen Bein auf seine Knie und fing meine Füße leidenschaftlich zu massieren. Die vorbeilaufenden Passanten schauten uns leutselig an. Eine Frau sagte fast neidisch zu mir:

„Sie haben es gut! So einen Partner, der sich um meine Füße kümmert, hätte ich auch gerne gehabt!" …

Edith

Manche Freier machte es geil zuschauen, wie sich zwei Frauen gegenseitig oral verwöhnen. Da ich nicht lesbisch veranlagt bin, habe ich für die Freier mit meinen Kolleginnen nur eine Show abgezogen. Einmal rief mich eine alte Hure, die gegenüber mich arbeitete, zu sich ins Zimmer. Sie hat gerade einen Freier gehabt, der zusehen wollte, wie sie meine Muschi mit der Zunge verwöhnt. Ich habe mich auf dem Bett mit breit gespreizten Beinen gelegt und wartete wie gewöhnlich auf eine vortäuschte Oralverwöhnung. Nun habe ich völlig überrascht gespürt, dass die Alte echt mit der Zunge dran geht. Sie hat meine Klitoris so geil verwöhnt, dass sie mich fast um den Versand gebracht hat. Ich bin wirklich gekommen. Die Alte mich völlig überrascht zu einem grandiosen, unvergesslichen oralen Orgasmus gebracht. Es hat mir vorher und auch später kein Mann ein vergleichbares Erlebnis geliefert....

Victor

bestellte mich zu sich nach Hause. Als ich bei ihm erschienen bin, öffnete die Tür eine ältere Frau und rief zu mir:

„Meine Liebe! Endlich bist du da!"

Ich bin völlig perplex geworden. Ich war überrascht, dass sich im Haus eine Frau befindet. Nun, es hat sich herausstellt, dass diese Frau die Victors Mutter war und sie hat unser Treffen auch eingefädelt. Sie erzählte mir, dass ihr Sohn leicht behindert ist und noch nie eine Freundin hatte. Sie hat mich gebeten, mit ihm sich liebevoll und verständnisvoll umzugehen. Ich habe mich bemüht. Der Junge war zufrieden und seine Mutter ebenso. Er ist danach noch jahrelang mein Stammkunde gewesen. Später, wenn ich ihn besuchte, gab es immer Kaffee und die Mutti hat extra für mich einen Kuchen gebacken...

Richard und Susanne

Es gab noch eine Frau, die mich für die intime Dienste an ihrem Mann bezahlt hat. Ich wurde ab und zu ins Büro eines Familienbetriebes bestellt. Bestellt hat mich der Mann, aber das Geschäftliche mit mir hat seine Frau erledigt. Der Gatte hat auf mich ein einem Nebenraum gewartet. Er war beim Sex schlicht schlecht und das Ganze dauerte sehr kurz. Er hat mich aber gebeten laut und lange stöhnen, auch wenn er schon längst fertig war. Seine Frau sollte es hören und den Eindruck bekommen, dass er mit mir noch ordentlich Gas geben kann. Nach dem Treffen mit ihrem Mann, führte mich Susanne zum Ausgang und bedankte sich für den guten Dienst an ihrem Mann. Ich habe das Verhalten dieser Ehefrau nie verstanden...

Konstantin

Mit ihm hatte ich den schönsten Sex nicht nur im Bordell, sondern in meinem ganzen bisherigen Leben. Er hat mich für eine ganze Nacht gebucht. Wir haben diese Nacht in einem noblen Schlosshotel verbracht. Mein Honorar hat er mir in einem Umschlag gegeben, dazu legte er noch ein Geschenk, ein atemraubendes Halstuch von einem der teuersten Designer. Er hat sich mir gegenüber stets wie ein Gentleman verhalten. In konnte in seiner Gegenwart mindestens für eine Weile vergessen, dass ich Hure war. Nach dem Abendessen haben wir uns noch spät bis die Nacht unterhalten. Es war schon fast Morgengrauen, als er eine Schallplatte in einen Plattenspieler legte. Es ertönten die Klänge von Bolero von Ravel. Konstantin fasste mich zärtlich an und ich bin darin geschmolzen. Wir stützen uns auf einen Tisch und er hat das Tempo des Verkehrs perfekt mit dem Tempo von Bolero synchronisiert. Je schneller die Bolero Rhythmen lauteten, desto intensiver spürte ich ihn in meiner Vagina. Nach achtzehn Minuten kam die Grande Finale. Mein vaginaler Orgasmus war grandios...

Die Härte des Jobs

Die Freier haben meinen Körper und meine Psyche tagtäglich in hohem Maße gefordert. Die Bedienung der Freier hat meine Kräfte heftig geraubt. Ich musste an einem Arbeitstag einen körperlichen Aufwand aufbringen, der mit einem harten Training im Fitnessstudio vergleichbar war. Viele Freier haben mich an meinen körperlichen Grenzen gebracht. Am Ende des Arbeitstages habe ich oft Schmerzen im ganzen Körper gespürt. Mein Unterleib hat immer wieder von heftigen Penisstößen gelitten und rundum die Vagina hatte ich schmerzhafte Hautrissen. Ich musste mich auch auf extrem unterschiedliches Verhalten der Freier einstellen. Ich habe oft eine Achterbahn der Gefühle erlebt, wenn mich zuerst ein netter Freier besucht hat und danach ein unangenehmer oder schwieriger Typ kam. Auch die Wünsche mancher Freier waren eine echt harte Probe für meine Psyche. Ich habe mich nach den Zusammentreffen mit den schwierigen oder unangenehmen Freiern oft psychisch ausgelaugt gefühlt. Ich habe zu den Ansprüchen der Freier innerlich oft eine tiefe Abneigung gespürt und ich habe die Freier oft im Stillen beschimpft und verflucht. Die Freier durften jedoch von meinem negativen Empfinden nichts bekommen. Ich musste nach draußen die Achtung von ihnen bewahren und eine positive Attitüde in Vorschein bringen, mit einer negativen Attitüde könnte ich die Freier verschrecken und verlieren. Nichtsdestotrotz musste ich die Arbeitszustände akzeptieren und mit meinem stressigen Arbeitstag mich arrangieren, die Hürden im Kauf zu nehmen und versuchen sie zu überwinden. Ich habe immer versucht, die negativen Emotionen unterdrücken. Anstatt an meiner Situationslage zu grübeln, lenkte ich mich ab mit den Gedanken an das Positives in meiner Arbeit. Wenn ich einen schwierigen Freier hatte, habe ich nicht an mein Leid gedacht, sondern an das, was ich mir für das gerade verdientes Geld kaufen könnte. Wenn ich einen ungepflegten Freier hatte, tröstete ich mich, dass diese Zumutung bald vorbei ist und das Geld bleibt bei mir, das Geld stinkt nicht. Den Gestank von Freier konnte ich abwaschen und meinen Körper danach mit edlem Parfüm besprühen. Ich habe gemerkt, dass ich mich mit der Zeit an diesen schwierigen Umständen gewöhnt habe dann war es mir irgendwie egal.

Das Erlebte hat mich abgehärtet. Ich bin körperlich und emotional widerständig geworden.

Jedoch egal wie man stark ist, es werden dem Körper irgendwann Kraftreserven fehlen, wenn es zur Arbeitsüberlastung kommt. Ich habe immer wieder nach einem wochenlangen, pausenlosen Einsatz gespürt, dass es für mich das alles zu viel wird. Ich habe mich zunehmend erschöpft gefüllt und habe gemerkt, dass mir die nötige Kraft fehlt und an Elan mangelt. Ich habe auch festgestellt, dass die Wünsche der Freier mir öfters als sonst über den Kopf wuchsen. Es hat mich auch die körperliche Nähe zu den Freiern gereizt. Ich habe auf den körperlichen Kontakt aufgewühlt reagiert, auch bei den besten Stammkunden, die ich sonst mochte und akzeptierte. Ich habe den Freiern beim Sex möglichst nur die Doggy Stellung angeboten. Ich konnte ihre Gesichter nicht mehr sehen und wollte sie nur schnell zum Orgasmus bringen. Alle diese aufgestauten, negativen Empfindungen waren für mich ein Signal, dass mir eine emotionale Krise bevorsteht. Ich musste also die Bremse ziehen und einen Abstand zu den Freiern und Rotlichtmilieu nehmen. Ich habe mich bemüht, den Bordellalltag in regulären zeitlichen Abständen loszulassen. Ich habe mir reguläre Pausen gegönnt, die mindesten zwei Wochen dauerten. Diese Auszeit war für die Regeneration meines Körpers, meiner Psyche und Wiederherstellung meiner Leistungsfähigkeit dringend nötig.

Ekel von den Huren

„Warum findest du dir keine normale Arbeit? Du kannst sicherlich mehr, als nur Beine breit machen. Es gibt auch andere Alternativen, als eigenen Körper zu verkaufen. Ich schätze dich, aber das, was du machst ist eklig." solche Äußerungen habe ich immer wieder gehört. Viele Freier, etliche Sozialarbeiter und Frauenaktivistinnen ließen mir ihre Missachtung für meine Beschäftigung spüren. Ich erinnere mich an einer Frauenaktivistin, die wie besessen versucht hat, mir klarzustellen, dass eine Arbeit im Bordell das Allerschlimmste ist. Ein Sozialarbeiter sagte mir, dass ich durch die Profession meine Würde verloren habe und mich selbst außer der Gesellschaft stellte. Ein Geistlicher meinte, dass solche Arbeit nur gefallene, ohne jeglichen

Prinzipien Frauen machen können. Sie alle sind davon ausgegangen, dass im Leben einer Frau, die im Rotlichtmilieu arbeitet, muss beruflich sowie privat alles schieflaufen. Sie alle glaubten, dass die Huren zwangsläufig unglücklich sein müssen. Sie haben sich zur Aufgabe gemacht, den angeblich unglücklichen Frauen zu helfen den Weg in bürgerliches Leben zurückfinden. Sie haben mir ihre Hilfe angeboten, nach anderen beruflichen Alternativen zu suchen. Es wurde mir vorgeschlagen an Bildungsprogrammen teilzunehmen. Ich habe die alle Hilfsangebote dieser Menschen dankend abgelehnt, weil sie mir mit ihren Bemühungen keine Gunst erweisen konnten. Sie haben mich eher in Rage gebracht, weil sie sich als Retter, die ich nicht brauchte, vorgespielt haben und mit ihren Ansichten in mein Leben ungebeten eindringen versuchten. Ich wollte nicht, dass jemand sich in mein Leben einmischt. Ich habe mir so ein Leben ausgesucht und wollte mich nicht dafür rechtfertigen müssen.

Mein Leben war nicht aus den Fugen geraten und ich musste nicht gerettet werden. Ich habe keinen psychologischen Beistand und schon gar kein Mitleid benötigt. Das Einzige was ich brauchte, war ein Verständnis für meine Entscheidung. Ich wollte nicht belehrt, sondern verstanden und akzeptiert werden. Ich hatte nicht den Eindruck, dass ich mein Leben im Bordell vergeudete. Ich möchte das Rotlichtmilieu keineswegs romantisieren, aber auch nicht dramatisieren. Mein Leben als Hure war kein Märchen aber auch keine Tragödie. Nicht alles war nur grottenschlecht. Problematisch war nicht das komplette Milieu, sondern einzelne Typen und einzelne Situationen.

Ich habe das Rotlichtmilieu nicht als einen Ort betrachtet, wo man überlebt, sondern als einen Ort, wo man gut leben kann. Ich habe im Rotlichtmilieu meine finanzielle Freiheit geschafft und das war für mich das Allerwichtigste. Mein Verdienst war vergleichbar mit einem Jahresgehalt eines Managers in mittlerer Position. Ich konnte mir endlich finanziell viel leisten und meine gewagten Träume konnten in die Erfüllung gehen. Es war ein wunderschönes Gefühl, endlich auf einmal genug Geld zu haben. Für mich war es also klar, dass ich in diesem Gewerbe bleibe. Solange ich gut verdienen kann, werde ich keinen Grund haben, nach anderen Alternativen zum Rotlichtmilieu suchen oder etwas in meinem Leben zu ändern. Natürlich war ich nicht ganz stolz darauf, wie ich mein Geld verdiente. Ich hätte auch einen anderen Job gemacht, wenn ich in derselben Zeit das gleiche Geld irgendwo anders verdienen könnte. Einen, genauso gut bezahlten Job konnte mir jedoch kein Moralapostel vermitteln. Übrigens, welche großartige berufliche Perspektiven hätte ich auf dem Arbeitsmarkt gehabt? Meine Ausbildung zur Buchhalterin wurde nicht anerkannt. Ich könnte höchstens als Putze, Altenpflegerin oder Aushilfe im Supermarkt arbeiten. Ein brotloser Job hätte mich nicht glücklicher gemacht, als der Job im Bordell. Einen schlecht bezahlten Job hätte ich ebenso gegen meinen Willen gemacht. Ich kannte viele ausländische Frauen, die andere Jobs hatten und sie alle waren mit ihrer Lebenssituation kein bisschen glücklicher als ich. Ich hatte nicht das Gefühl, dass ich meine Würde verlieren könnte, nur deshalb, weil ich lieber Sex Arbeit machte, statt für einen Mindestlohn zu schufen. Natürlich musste ich im

Bordell auch extrem leidige Dinge für mein Geld tun, aber leidige Dinge muss man in anderen Berufen auch in Kauf nehmen und das für viel weniger Geld. Eine Arbeitskollegin, die vom Pflegedienst ins Rotlichtmilieu gewechselt hat, hat mir erzählt, dass sie im Pflegedienst auch eklige Tätigkeiten ausüben musste, so etwa wie vollgeschissene Hintern waschen und das nur für ein Bruchteil des Verdienstes im Rotlichtmilieu.

Natürlich war die Arbeit im Rotlichtmilieu auch oft extrem stressig. An manchen Tagen haben sich sie stressige Situationen so mächtig gehäuft, dass ich mich fragte, was ich hier mache. Ich habe manchmal auch geweint, wenn die Freier mich mit ihren Forderungen oder mit ihrem Verhalten an die Grenzen der Verzweiflung gebracht haben. Nun, früher habe ich auch oft geweint, wenn ich nicht wusste, wie ich meine Rechnungen bezahlen soll. Ein Sozialarbeiter prophezeite mir psychische Probleme, wenn ich nicht rechtzeitig aus dem Rotlichtmilieu aussteige. Ich glaube, psychische Probleme oder sogar Depression hätte ich eher bekommen, wenn ich bei meinem früheren brotlosen Job geblieben hätte, ohne jegliche Perspektive auf ein besseres Verdienst. Psychische Probleme bekommen Menschen auch in vielen anderen Berufen. Viele andere Jobs sind auch extrem stressig und können die Menschen krank machen. Gemein oder sogar feindselig waren zu mir auch die Vertreter der Behörden. Ich habe einmal eine Frauenärztin in öffentlicher Einrichtung aufgesucht. Ich hatte damals eine leichte Vagina Infektion. Als sie meine Muschi untersucht hat, runzelte sie die Stirn und machte eine Mine, als ob sie beinahe kotzen musste. Völlig missbehagend sagte sie mir, dass so eine Infektion eine natürliche Konsequenz sei, wenn man wie am Fließband mit den Kerlen kopuliert. Ich habe mich in diesem Moment so dumm und klein gefühlt.

Eine tiefsitzende Abneigung zu den Huren und dem gesamten Rotlichtmilieu hat auch die Polizei vorgebracht. Die Polizeibeamten waren gegenüber mich immer misstrauisch und haben mich demütigend behandelt. Polizei stellte alle Beteiligten des Rotlichtmilieu unter Generalverdacht, kriminell zu sein. Wir haben die polizeilichen Besuche regelmäßig bekommen. Die Razzien wurden immer spektakulär durchgeführt. Zuerst haben die heranrasenden Mannschaftswagen die Straßen um das Bordell umringt. Dann stürmte das große Aufgebot der Beamten ins Gebäude herein. Die Beamten verteilten sich rasch auf allen Etagen, hauten mit den Fäusten an unsere Zimmertür und brüllten: Polizei! Polizei! Aufmachen!" Hatte ich gerade einen Freier im Zimmer, musste ich das Treffen mit ihm sofort abbrechen. Alle Frauen wurden aufgefordert ihre Pässe zeigen und sich vor der geöffneten Tür zu stellen. Die völlig irritierten Freier mussten sich ebenso bei geöffneter Tür anziehen. Sie durften jedoch, meinst ohne Kontrolle gehen. Ab und zu hatte Polizei im Schleppstau auch Steuerfahndungsbeamten gehabt. Diese Beamten waren ebenso nicht zimperlich. Ich habe mitbekommen, wie die Beamten Steuerformulare völlig nach eigenen Gutdünken ausgefüllt haben und die erfundenen Geständnisse den ahnungslosen Frauen zum Unterschreiben vorgelegt haben. Frauen, die kein Deutsch konnten, wussten gar nicht, was sie unterschreiben. Die Polizei- und Steuerfahndungsaktionen haben den Bordellbetrieb immer für ein paar Stunden auf dem Kopf gestellt. Ich konnte danach den Rest meines Arbeitstages finanziell abhacken. Polizeieinsätze im Bordell haben die Freier schlagkräftig für mehrere Stunden abgeschreckt. Das barsche Vorgehen der Behörden war für mich immer ein emotionaler Paukenschlag. Ich fühlte mich durch die Rücksichtslosigkeit der Beamten angegriffen und verletzt. Die feindselige Einstellung der Behörden zur Prostitution führte dazu, dass die Frauen zu den Behörden überhaupt kein Vertrauen hatten und die Polizei haben sie als Feind gesehen. Nicht nur die Freier machten mich zu schaffen, es war auch der gesellschaftliche Umgang mit der Prostitution, diese soziale Diskriminierung. Ich habe immer darunter gelitten, dass meine Beschäftigung geringgeschätzt und nicht ernst genommen wurde.

Niemand darf es erfahren

Ich wurde mehrmals gefragt, warum bekenne ich mich nicht öffentlich dazu, dass ich zu meinem Bordelljob stehe. Ja, ich habe zu meinem Bordelljob gestanden, aber ich habe mich nicht getraut zu outen, aus Angst vor Konsequenzen. Ich habe an die Folgen für mein Leben gedacht, welche so ein Bekenntnis mit sich bringen könnte. Ich hatte Angst vor Ächtung und von psychischer Gewalt, die Gesellschaft auf mich und meiner Familie ausüben könnte. Ich hatte Angst vor sozialer Ausgrenzung. Meine Familie, meine Freunde könnten sich auch von mir abwenden. Ich hatte Angst vor dem Stigma einer Hure, das an mich bis zum Ende meines Lebens haften könnte. Diese Angst hat mich dazu gezwungen, meine Beschäftigung höchst geheim zu halten. Ich habe obsessiv darauf geachtet, dass ich in meinem Umfeld optisch und durch mein Verhalten nicht auffällig werde. Ich habe aufgepasst, dass ich im privaten Leben keine Begriffe aus dem Rotlichtmilieu verwende. Wenn ich mich mit meiner Familie oder Freunden getroffen hatte, habe ich vermieden Alkohol zu trinken. Ich habe befürchtet, dass ich die Kontrolle verlieren könnte und mich ungewollt verplappern würde. Ich habe mich immer beherrscht, dass ich in den Momenten der emotionalen Schwäche die Wahrheit nicht eingestehe. Ich habe also nach draußen ein ganz normales, bürgerliches Leben vorgetäuscht. Zum

Glück hat mir dabei das Gewerbeamt verholfen. Das Gewerbeamt ermöglichte mir mein Gewerbe unter einer anderen Berufsbezeichnung anzumelden. Statt die wahre Tätigkeit wurde Event und Veranstaltungen eingetragen. Somit habe ich ein Alibi bekommen, einer bürgerlichen Tätigkeit nachzugehen. Ich brauchte also die Fragen „was machst du so beruflich?" nicht befürchten. Ich habe in meinem Umfeld erzählt, dass ich bei Messen oder Seminaren auftrete. Ich habe mir sogar fake Visitenkarten besorgt. Meiner Familie in Polen habe ich von vorne an eine andere Geschichte dargestellt. Ich habe ihr erzählt, dass ich in Deutschland einen Job in einem noblen Restaurant gefunden habe und als Restaurantleiterin eine Karriere mache. Mit dem angeblichen beruflichen Erfolg habe ich auch den plötzlichen Geldsegen begründet. Wenn ich meine Familie oder Freunde angerufen habe, haben meine Kolleginnen einen Krach mit Gläser und Teller im Hintergrund gemacht. Es sollte sich so anhören, als ob ich mich gerade im Restaurant befinden hätte. Ich hatte einen guten Stammkunden, der tatsächlich ein Mitinhaber eines vornehmen Restaurants war. Er hat mir einen Gefallen getan. Als meine Familie mich besuchen hat, brachte ich sie in sein Restaurant. Er hat es bestätigt, dass ich in seinem Restaurant fleißig arbeite. Meine Familie hat mir diese Lüge abgenommen und wurde nie misstrauisch. Der Freier hat für diesen Gefallen einen Fick gratis bekommen. Ich habe glaubwürdig auch die Freier belogen. Ich wollte im Rotlichtmilieu meine wahre Identität natürlich verschleiern und keine Details aus meinem privaten Leben preisgeben. Um die Neugierde der Freier bezüglich meiner Person zu stillen, habe ich für sie eine Identität und Lebensstory ausgedacht, die gar nicht existieren. Ich bin in Sachen Täuschungen, gedehnten Wahrheiten und Ausdenken eines Haufens von Lügen im Nachhinein Großmeisterin geworden. Ich habe im Laufe der Zeit die Kunst der Schwindelei so perfekt beherrscht, dass jeder Lügendetektor an mich scheitern könnte. Diese Scheinwelt aufrecht zu halten, war für mich allerdings sehr nervenaufreibend. Die Absicherung meiner Schwindelei verlangte stets viel Wachsamkeit. Ich musste immer aufpassen, dass ich mich im Labyrinth meiner Lügen nicht verwickle. Ich habe in permanenter Angst gelebt, dass die Wahrheit nichtsdestotrotz eines Tages ans Tageslicht rauskommen könnte. Es könnte jemand, der mich von Draußen kennt, auf mein Profil im Internet stoßen oder mich im Klub oder Laufhaus begegnen. Wenn ich meine Eltern besuchte, hatte ich Angst, dass ich im Schlaff über meine wahre Beschäftigung sprechen könnte. Ich habe von unglücklichen Ereignissen im Bordell gefürchtet, so etwa, wie vom Ableben eines Freiers in meinem Zimmer oder dass ich selbst ein Opfer eines Verbrechens werden könnte. Solche Ereignisse könnten dann öffentlich bekannt werden und ich selbst könnte identifiziert werden. Es hat mich immer unten gezogen, wenn ich in den Medien irgendwelche Meldungen über Übergriffe auf die Huren gelesen habe, oder wenn die Frauen selbst irgendwelche Geschichten über schlimmen Ereignissen im Bordell erzählt haben. Ich habe natürlich unter dem Geheimnis, das ich mit mir herumgetragen hatte, gelitten. Die Last des Geheimnisses wog ziemlich schwer. Es hat mir schon sehr auf der Seele gelastet, dass ich nicht authentisch sein zu konnte und dass ich in Doppelmoral leben musste. Ich fühlte mich mit meinem Geheimnis oft verdammt einsam. Ich konnte außerhalb des Bordells über das Erlebte, über die Problemen, die ich im Bordell hatte, mit niemandem reden. Dementsprechend konnte ich auch von niemanden eine Unterstützung erwarten. Es hat mir etwas geholfen, ein Tagebuch zu schreiben. Dieses Tagebuch war mein geheimer Seelsorger, mein Coach, dem ich meine Erlebnisse, meine Gedanken und Reflexionen anvertraut habe. Dies niederzuschreiben war für mich ein Ventil, das mir ermöglicht hat, meine Emotionen raus zu lassen, wenn ich darüber nicht sprechen konnte. Es ist mir zum Glück gelungen, meine Doppelexistenz über die alle Jahre geheim durchzuhalten. Es ist mir niemand auf die Spur gekommen und ich hoffe es, dass ich mein Geheimnis ins Grab nehmen werde.

Arbeit wie jede andere?

Die Sexarbeit ist in der Gesellschaft alles anders als gutgeheißen. Die sexuellen Dienstleistungen werden nicht für eine seriöse Arbeit erachten. Viele Personen haben mir gesagt, dass sie meine Beschäftigung nicht für eine Arbeit hielten, sondern für ein Gelderwerb mit dem Arsch, manche von ihnen betrachteten meine Beschäftigung als sittliche Unzucht. Interessanterweise haben auch die meisten Prostituierten die Anschaffung im Bordell nicht für eine Arbeit gehalten. Sie haben die Bordellbetrieben auch nicht

106

als Arbeitgeber gesehen. Natürlich war diese Profession kein Job wie jeder anderer. Für die Sexarbeit gelten die Regel des Arbeitsmarktes nicht. Diese Profession kann man nicht durch eine Ausbildung erlernen. Im Rotlichtmilieu wird es nicht nach Ausbildung oder erlernte Fachkenntnisse gefragt. Es werden keine Zeugnisse und keine Bewerbungen verlangt. Für die Arbeitsaufnahme im Bordell gibt es also keine Forderungen. Es reicht meistens nur ein Telefonat und man kann schon sofort anfangen zu arbeiten. Die Arbeitsbedienungen werden nur mündlich vereinbart, es gibt keine Arbeitsverträge und keinen Arbeitsschutz. So, wie schnell man die Arbeit bekommt, so schnell kann man sie auch verlieren. Eine Berufserfahrung aus dem Rotlichtmilieu wird nirgendwo gebraucht. Der Dienstalter im Rotlichtmilieu zählt ebenso nicht. Der Dienstalter wird übrigens auch im Rotlichtmilieu nicht geschätzt. Die älteren, erfahrenen Frauen verdienen im Laufe der Zeit immer weniger. Die jungen und unerfahrenen Frauen verdienen dagegen am Start am allerbesten. Diese ungeregelten Arbeitsverhältnisse im Rotlichtmilieu hatten für mich auch gewisse Vorteile. Ich war in den Bordellbetrieb verträglich nicht integriert und musste auf selbstständiger Basis arbeiten. Ich konnte also selbst entscheiden, wo und wie lange ich arbeiten möchte. Ich habe meine Beschäftigung im Bordell für eine Arbeit gehalten. Ich habe mich als Servicekraft gesehen, die Dienste anbietet, deren Substanz meine Sexualität war. Ich wurde allerdings stets mit der Behauptung konfrontiert, dass ich meinen Körper verkaufe. Nein, ich habe meinen Körper nicht verkauft. Ich habe ihn nach Geldübergabe immer behalten. Ich habe meinen Körper lediglich den Freiern zur Verfügung gestellt, für die vereinbarte Zeit und für eine Dienstleistung, die Sex und körperliche Nähe beinhaltet.

Ökonomie der Hurerei

Ich habe im Klub sehr gute Umsätze generiert, bekommen habe ich allerdings nur die Hälfte davon. Die zweite Hälfte haben die Bordellbetreiber einbehalten. Diese Praktik ist bei vielen Frauen und auch bei den Außenstehenden oft auf Widerworte gestoßen. Den Bordellbetreibern wurde sogar vorgeworfen, dass diese Praktik der Mitzuhälterei unterliegt. Wofür ging also die einbehaltene Hälfte? Dieser Anteil ging prinzipiell für die Erhaltung meines Arbeitsplatzes. Von diesem Geld wurden vor allem Miete, Nebenkosten, Versicherungen, Gehälter für Sicherheitspersonal und andere Angestellte bezahlt. Dieses Geld ging auch für die Aufwendungen für Reinigung, Wäsche und teilweise auch für das Lebensmittel, das uns kostenlos zur Verfügung gestellt wurde. Der Klub übernahm auch eine professionelle Werbung für mich, die Hausdame kümmerte sich um die Kommunikation und Verhandlungen mit den Freiern für Escortservice. Ich musste mich also um die organisatorischen Dinge nicht kümmern, ich konnte mich ausschließlich auf meine Arbeit konzentrieren. Ich bin der Meinung, dass nicht jede Hure eine Geschäftsfrau ist, die sich auf eigene Faust einen Arbeitsplatz schaffen kann und nicht jede will es auch tun. Für mich war das Prinzip von Halbe-Halbe eine akzeptable Lösung.

Das Laufhaus war dagegen eine härtere Variante des Sexbusiness. In diesem Bordell musste ich mich um die organisatorische Seite selbst kümmern, also mir meinen Arbeitsplatz selbst organisieren. Ich musste ein Zimmer mieten und die Ausstattung meines Arbeitszimmers mit Kleinmöbeln, mit Wäsche und Hygieneartikel selbst einrichten. Für dieses Zimmer war die Tagesmiete fällig. Die Tagesmiete musste ich zahlen, unabhängig davon, welchen Umsatz ich erzielt habe. Ich habe in den beiden Einrichtungen, im Klub sowie auch im Laufhaus sehr gut verdient. Meinen finanziellen Erfolg habe ich vor allem dem beachtlichen Stammkundenkreis verdankt. Die Stammkunden haben mir ein solides Einkommen gesichert. Ich bin meinem Job auch professionell und zielorientiert nachgegangen. Ich habe gut Deutsch gesprochen und hatte keine Kommunikationsschwierigkeiten. Ich habe mich dadurch von den meisten Kolleginnen abgehoben. Das größte Teil meiner Konkurrenz war nicht imstande anspruchsvolle Dienstleistungen anzubieten. Die Mehrheit der Frauen konnte sich nur im brüchigen Deutsch äußern und viele Frauen sprachen überhaupt kein Deutsch. Sie haben lediglich ein paar Wörter auswendig gelernt. Manchmal kam es zu grotesken Unterhaltungsmomenten.

Was kostet bei dir? - fragte der Freier

Fünfundzwanzig – antwortete die Hure

Wie lange? - will der Freier wissen

Fünfundzwanzig! – antwortete sie ziemlich laut

Wie viele Positionen sind möglich? - fragt noch Freier

Fünfundzwanzig sage ich! ... du nix verstehe was ich sagen? - schrie sie deutlich genervt.

Die Frauen haben auch nicht korrekt gearbeitet, sie haben das nicht eingehalten, was vereinbart wurde oder versuchten die Freier schlicht dreist abzucken. Sie konnten sich keinen gut zahlenden Kundenkreis aufbauen, dementsprechend mussten sie oft für den niedrigeren Preis arbeiten. Viele Frauen haben permanent mit der Angst gelebt, dass es nicht genug Kohle reinkommt. Wenn sie in einem Bordell schlecht verdient haben, sind sie meistens dort nicht lange geblieben Sie haben von einem Bordell zum anderen Bordell gewechselt oder von einer Stadt zur anderen Stadt gewandert. Ich habe im Rotlichtmilieu sehr viele gescheiterte Existenzen erlebt und nur wenige erfolgreiche Frauen. Theoretisch könnte im Rotlichtmilieu jede Frau gut verdienen, auch eine Frau, die auf normalem Arbeitsmarkt keine Chance auf einen guten oder überhaupt auf einen Job hat. In der Realität gut und leichter verdienen nur die selbstbewussten und starken Frauen. Die schwachen, psychisch labilen Frauen halten die Härte des Jobs nicht aus und gehen oft in den Abgrund. Ich habe mich mir den Frauen in der hoffnungslosen Lage nicht solidarisiert. Ich hatte auch kein Mitgefühl für sie empfunden. Im Gegenteil, ich war sogar froh, wenn es meiner Konkurrenz schlechter ging. Ich habe mich für etwas Besseres gehalten, weil ich Erfolg hatte...

Mein Geld ist dein Geld

Mir war es bewusst, dass ich im Rotlichtmilieu in privilegierter Position gewesen war. Ich habe in dieses Gewerbe freiwillig eingestiegen und ich habe immer frei und selbstbestimmt gearbeitet. Ich hatte einen geregelten Aufenthaltsstatus und musste mich nicht in der Illegalität bewegen. Jedoch nicht jede Frau befand sich in ähnlicher Lage wie ich. Nicht jede Frau arbeitete aus freien Stücken und auf eigene Rechnung. Ich erinnere mich an manchen Frauen, deren Schicksal mir im Gedächtnis geblieben ist. Sylvia hat die Arbeit im Rotlichtmilieu freiwillig aufgenommen, genauso so wie ich. Sie fühlte sich im Bordell allerdings sehr einsam und verloren und hat sich nach jemanden gesehnt, der ihr nah stehen würde und ihr helfen könnte, im fremden Land klarzukommen. Sie war also bereit sich mit jedem Freier privat einzulassen, der Interesse an sie hätte. Solche Frauen wie Sylvia waren eine leichte Beute für die Zuhälter. Die Zuhälter suchten sich gezielt verunsicherte und labile Frauen aus. Sylvia ist auf so einen Typ schnell gestoßen. Er hat sich zuerst als ein großzügiger und zuvorkommender Freier ausgegeben. Er machte ihr teure Geschenke und lud sie zum Essen ein. Er hat schnell ihr Vertrauen gewonnen, dadurch konnte er sich ganz leicht in ihr Leben einschlichen. Sie war froh, dass sie einen Vertrauten gefunden hatte und hat sich sogar in ihm verliebt. Sie betrachtete ihn nicht mehr als Freier, sondern als einen Freund. Er hatte dann Sex umsonst gehabt und sie

111

drückte ihm immer wieder etwas Geld, freiwillig! Ich war geschockt, als sie mir eines Tages ein SMS zeigte. Sie schrieb „Mein Schatz, mein Geld ist dein Geld." Im Nachhinein ließ sie ihm nicht nur ihr Leben bestimmen, sondern auch ihre Finanzen managen. Er hat sie dann unter voller Kontrolle gekriegt. Ich habe noch versucht Sylvia aufklären, dass sie in Fänge eines Zuhälters gerieten ist. Sie hat meine Warnung leider nicht wahrgenommen. Sie hat mich im Nachhinein immer mehr vermieden und irgendwann hat sie den Kontakt zu mir ganz abgebrochen. Ich bin sicher, dass sie das nicht freiwillig gemacht hat, sondern er hat ihr ein Sprechverbot mit mir erteilt. Zum Schluss hat er mir sogar gedroht. Er sagte zu mir, wenn ich in Ruhe arbeiten möchte, sollte ich mich in Sylvias Angelegenheit nicht einmischen. Ich vermute, dass er sie auch drogenabhängig gemacht hat. Ich habe gesehen, wie sie immer tiefer in den psychischen Abgrund rutschte. Die einst frohe und nette Frau wurde apathisch, geistlich abwesend. Sie wurde immer mehr zu allen Freiern unfreundlich, auch zu den, die zu ihr nett waren. Sie hat auch immer weniger gute Freier bekommen, weil ihre ablehnende Haltung die potenziellen Freier abschreckte.

Emilia kam aus Bulgarien und sie hatte ebenso einen Beschützer, der ihr Leben völlig kontrollierte. Er war ein respektloser brutaler Typ. Jedoch egal wie brutal er sie behandelt hat, sie stand immer zu ihm. Sie fand es völlig normal, einen Typ zu haben, der sie mit harter Hand behandelt. Emilia kannte männliche Gewalt von der Kindheit an. Sie wurde von ihrem Onkel im Alter von zwölf Jahre erstes Mal vergewaltigt und nachher noch mehrere

Male. Sie hat auch die respektlosen und gewalttätigen Freier öfters zu sich gezogen, als die anderen Frauen. Sie war für diese Typen ein leichterer Fang, weil sie Respektlosigkeit und Gewalt ohne Widerstand zugelassen hat. Die Freier konnten mit ihr machen was sie wollten.

Die normale Welt, in der die Männer Frauen nicht prügeln und misshandeln, kannte sie nicht. Sie wusste nicht, dass man die Gewalt nicht akzeptieren muss und dass sie Recht hatte, einem Mann nein sagen.

Rotlichtmilieu hat mich geprägt

Die verbrachten Jahre im Rotlichtmilieu haben natürlich unauslöschliche Spuren in meinem Leben hinterlassen. Das Erlebte, die Erfahrungen mit den Freiern haben mich nachhaltig verändert, positiv wie auch negativ. Ich habe heute ein ganz anderes Männerbild als damals. Mein Urvertrauen an die Gesamtheit der Männer ist zu tiefst zerrüttet und ebenso mein Glaube an die Liebe. Ich kann mittlerweile keinem Mann mehr vertrauen. Ich werde im Hintergrund immer misstrauisch sein. Ich werde einen potentiellen Partner immer verdächtigen, dass er seine Triebe nicht im Zaun halten kann. Ich werde einen Verdacht schöpfen, dass er ein Bordellgänger sein könnte, der ohne Peitsche nicht kommt, der auf online Auktionen verbrauchte Damenslips ersteigert, der bei den Huren um Häppchen aus dem Popo bettelt oder heimlich eine Damenschuhsammlung im Keller hamstert. Ich möchte das Schicksal der betrogenen Frauen nicht teilen. Ich weiß, dass es nicht fair ist alle Männer zu verdonnern, nicht alle Männer haben auch Dachschaden, aber die, die es nicht haben, sind in der deutlichen Minderheit. Ich mache mir über eine Partnerschaft gar keine Gedanken, mindestens zu Zeit nicht. Ich vermisse einen Partner auf meiner Seite auch nicht. Ich habe die Erfahrung gemacht, dass ein Leben ohne Mann kein Makel sein muss. Ich weiß jetzt wie die Männer ticken und zwar viel besser als die anderen bürgerlichen Frauen. Die bürgerlichen Frauen glauben an das Gute in den Männern, ich glaube es nicht mehr. Sie nehmen es nicht wahr, dass ihre Partner, Väter, Brüder Freier sein können. Viele Frauen wollen es nicht glauben, dass ihre Besten die Lust auf fremde Haut so leicht verspüren können. Ich habe mal eine Frau im Fitnessstudio näher kennengelernt. Sie war frisch verheiratet und sie hat natürlich ihrem Gatten grenzenlos vertraut. Eines Tages wollte sie mir ihren Mann vorstellen. Nun, es hat sich herausgestellt, dass ich ihn schon längst kannte und wahrscheinlich sogar besser als sie. Die bürgerlichen Frauen glauben, dass nur ein marginales Teil der Männer ins Bordell geht. Ich weiß es, dass es Massen von Männern im Rotlichtmilieu unterwegs sind, weil nur die breiten Männermassen eine Milliardenumsatzgeschäft im Rotlichtmilieu bringen können. Meine Profile im Internet wurden in einem Jahr mehr als eine halbe Million Mal angeschaut. Das waren Männer, die gezielt das Interesse an Huren hatten und damit auch potenzielle Freier sein könnten. Das Erlebte mit den Freiern hat mich also emotional abgestumpft. Ich habe meine Empfindlichkeit und Empathie von damals verloren. Ich bin mehr raffiniert und rücksichtslos geworden. Die

Empathie wurde durch den Kalkulator ersetzt. Ich habe mich gewöhnt, die Freier sachlich, ohne Emotionen zu behandeln. Ich habe in einem Freier keinen Mann mehr gesehen, sondern nur einen Zahler, der das Geld hat, das mein sein könnte. Um an das Geld der Freier zu kommen, war mir viele Mittel recht. Ich habe gemerkt, dass ich die Männer mir meiner Weiblichkeit reizen kann und habe diese bewusst eingesetzt, um die Freier süchtig und hörig zu machen. Übrigens, es war mir früher nicht bewusst, dass ich auf die Männer stark anziehend wirken kann. Ich habe früher meine Weiblichkeit nicht zum Ausdruck gebracht. Erst im Rotlichtmilieu wurde meine Feminität erwacht und ist voll entfaltet geworden. Ich habe mich durch das enorme Interesse der Freier an mich in meiner Attraktivität bestätigt gefühlt, dadurch bin ich auch deutlich selbstbewusster geworden. Im Rotlichtmilieu hat sich natürlich auch mein Bezug zur Sexualität gravierend verändert. Ich habe früher meinen Körper und meine sexuellen Bedürfnisse aus distanzierter Perspektive betrachtet. Das lag sicherlich an meiner konservativ christlichen Erziehung, die meine Einstellung zur Sexualität beeinflusste. Meinen ersten Sex hatte ich, als ich neunzehn Jahre alt war. Ich hatte auch nur einen Freund gehabt. Sex mit ihm war für mich nichts besonders, ich habe es nur ihm zuliebe gemacht. Ich hatte auch noch nie Orgasmus gehabt. Ich konnte mich mit meiner Sexualität gar nicht frei und offen umgehen. Ein Gespräch über Sex hat mir die Röte ins Gesicht getrieben. Wenn ich schon über Sex redete, dann immer niedlich und blumig, aber nie schmutzig oder vulgär. Als ich ins Rotlichtmilieu eingestiegen habe, waren meine sexuellen

Erfahrungen also wenig passabel. Im Rotlichtmilieu hat sich das natürlich schlagartig geändert. Ich wurde plötzlich mit einer sexuellen Maßlosigkeit konfrontiert. Ich hatte Sex mit aberhunderten Männern auf verschiedene Art und Weise. Mir wurden unwillkürlich vielfältige, bis zu abgründigen Sexfantasien offenbart. Die Freier haben meine Sexualität durch die kurvigen Wege geführt. Ich habe sexuelle Erfahrungen gemacht, die ich als normale bürgerliche Frau nie machen konnte. Diese Erfahrungen haben natürlich auch meinen Bezug zur Sexualität gravierend verändert. Ich bin im Nachhinein im Umgang mir meiner eigenen Sexualität sehr offen geworden. Meine eigenen sexuellen Bedürfnisse spielten nicht mehr die untergeordnete Rolle. Ich habe es gelernt, sie auszusprechen. Ich habe es herausgefunden, was mir Spaß macht und habe mich getraut das zu nehmen. Bei der Menge der Freier, die ich hatte, bin ich ab und zu auf einen Mann gestoßen, bei dem ich hemmungslose Lust verspürte. Ich habe es genossen, von manchen Freiern auf verschiedene Art und Weise verwöhnt zu sein. Mein Befriedigungsbonus im Bordell war sicherlich größer, als in einer monogamischen Beziehung sein könnte. Ich befürchte, ich werde nie mehr monogam sein können. Ein Partner würde mir in sexueller Hinsicht nicht mehr ausreichen. Ein Partner kann mir nicht das alles anbieten, was mehrere Männer zusammen können. Zurzeit bin ich jedoch mit Sex mit den Männern übersättig. Ich mache Sex ab und zu, aber nur mit mir selbst und lasse den Sexfantasien freien Lauf. Manche Freier spielen in meinen Sexfantasien immer noch eine Rolle. Ich schließe jedoch nicht aus, dass ich irgendwann wieder mal Sex mit den

Männern brauchen werde. Ich werde aber mit den Männern nur das tun, was meinen Bedürfnissen nutzt und mir guttut. Obwohl ich derzeit keine sexuelle und emotionale Bindung mit einem Mann brauche, vermeide ich die Männer trotzdem nicht. Ich habe nach dem Ausstieg aus dem Rotlichtmilieu neue Freundschaften geknöpft, darunter auch zu den Männern. Diese Verhältnisse basieren jedoch auf einer rein freundschaftlichen Basis.

Ende des Abenteuers

Als ich ins Rotlichtmilieu eingestiegen bin, dachte ich, dass mein Abenteuer dort höchstens ein, zwei Jahre dauern wird. Ich habe mir vorgestellt, dass ich in dieser Zeit so viel Geld verdiene, dass ich keine finanziellen Sorgen mehr habe und danach kehre ich in bürgerliches Leben zurück. Nun, aus meinem ursprünglichen Vorhaben ist nichts geworden. Ich habe im Rotlichtmilieu zwölf Jahre verbracht. Obwohl ich in den ersten zwei Jahren das erhoffte Geld eigentlich verdient habe, habe ich es nicht geschafft, das Rotlichtmilieu zu verlassen. Der Zufluss des Geldes war für mich zugleich ein Segen und eine Flucht. Ich habe zu diesem Zeitpunkt sehr gut verdient und ein Ausstieg wäre gegen jegliche Logik gewesen. Ich konnte nicht einfach sagen, ab morgen bin ich keine Hure mehr und verzichte auf einen täglichen Verdienst von mehreren hundert Euro. Ich befand mich also in der Gefangenschaft des schnell verdienten Geldes. Außerdem habe ich den gerade erschaffen Wohlstand sehr genossen. Die damalige gute und bequeme Lebenssituation hat dazu beigetragen, dass ich die Gedanken über meine Zukunft unterdrückte. Ich bin geistlich faul geworden, über die Zukunft nachzudenken. Ich wusste zwar, dass die Prosperität irgendwann enden wird, dass ich im Rotlichtmilieu nicht bis zum Rentenalter hocken kann, ich habe aber daran nicht gedacht. Ich lebte gerne für die Gegenwart. Ich war also nicht imstande selbst zu entscheiden, wann ich den Schluss machen soll. Über meinen Ausstieg haben die Freier und die Entwicklungen im Rotlichtmilieu entschieden. Das Rotlichtmilieu hat in den letzten Jahren einen gravierenden Wandel vollzogen. Die Bordelle wurden massiv von Frauen aus Osteuropa unterwandert und sie haben ihre Leistungen immer billiger angeboten. Die Preise sind ins bodenlose gestürzt. Zum Schluss war es für mich von Jahr zu Jahr schwieriger ein gutes Geld zu verdienen. Auch die Mieten und Unterhaltungskosten im Laufhaus sind permanent weiter gestiegen. Die Kundschaft hat sich im Laufe der Zeit ebenso verändert. Die Menge der zahlungskräftigen Freier ist deutlich zurückgegangen, dafür ist aber die Zahl der Problemkunden gestiegen. Meine guten Freier, die Rentengeneration ist im Nachhinein geschrumpft. Viele alte Freier gingen ins Altersheim oder sind gestorben. Auch mit den anderen Freiern wurde die Arbeit immer mehr anstrengend. Die Freier wurden älter, ihre Potenz ließ nach. Außerdem, sogar die treusten Freier brauchten irgendwann eine Abwechslung und suchten sich andere Hure aus. Ich wurde selbst natürlich auch älter und das Alter im Bordell ist für die Frauen die Hölle. Die Nachfrage nach Frauen jenseits dreißig sinkt rapide. Ich habe diese Abwertung wegen meines Alters öfters und deutlich gespürt. Als ältere Hure hat man es zu kämpfen, das bedeutet für immer weniger Geld mehrere Wünsche der Freier erfühlen müssen. Bis jetzt hatte ich die Wahl gehabt, welchen Wunsch erfüllen, welches nicht. Ich wollte also nicht so lange warten, bis ich erzwungen werde, jeden Wunsch der Freier erfüllen müssen, oder so lange warten, bis mich kein Freier mehr haben will. Nach etwa zwölf Jahren meines Abenteuers in den Bordellen habe ich nüchtern festgestellt, dass es für mich im Rotlichtmilieu keine glanzvolle Zukunft mehr gibt. Ich habe mich zu meinem Bedauern entschieden, aus dem Rotlichtmilieu zu evakuieren. Ich habe nach dem Ausstieg zuerst eine enorme Sehnsucht nach dem Rotlichtmilieu verspürt, zugleich aber auch eine enorme Erleichterung, dass dieser Lebensabschnitt vorbei war. Ich habe das Leben in Doppelmoral, das Versteckspiel endlich beendet. Ich konnte wieder authentisch sein. Ich habe meinen Platz und Aufgaben in der bürgerlichen Gesellschaft ohne große Probleme wieder gefunden. Nichtsdestotrotz denke ich öfter an die Vergangenheit, ich glaube, ich werde diese Gedanken nie mehr los. Ich bin zwölf Jahre meines Lebens nicht den normalen, bürgerlichen Weg gelaufen und bereue ich es nicht.